あなたの親を支えるための

介護準備ブック

小室淑恵／株式会社ワーク・ライフバランス

英治出版

はじめに

今こそ「介護」について考えよう

私がこの本を書いた理由

――㈱ワーク・ライフバランス代表取締役社長　小室淑恵

同世代と考えたい「介護と仕事の両立」

「介護なんてまだ先でしょ？」

介護をテーマにしたお話をすると、多くの方がこう言います。

とはいえ、私自身も「介護」というのは、どこか他人ごとである気持ちが抜けませんでした。これが本当に「自分ごと」になったのは、2010年に親族が倒れ、一時期ながら実際に介護に直面したためです。仕事と育児に加え介護が重なった生活は予想以上にハードで、自分自身の知識と対策不足を感じ、ヘルパー２級の資格を取得しました。また、「介護と仕事の両立」の情報が少なく、同世代の方が親の介護に対して強い不安をもっていることにも気づきました。

私は、女性が育児を理由に仕事を辞める社会を変えたいと思い、2006年に企業の育児支援拡充や人事制度改革、生産性向上による労働時間見直しをお手伝いする会社を創業しました。それから６年あまり、団塊世代が定年に達し、優秀な人材不足に悩む大企業においては、育児支援の体制はずいぶん整ってきました。現在の育児支援の主眼は男性向け、中小企業向け、保育所の整備などに移っています。

こうしたなか、数年前から、企業の経営陣や人事担当の方からのご相談にしばしば出るようになったのが「介護と仕事の両立」の話題です。内容も「50代の営業部長が親の介護のために退職した」「40代のマネジャーが介護に疲れて“うつ”に」といった深刻なものが目立ちました。この問題の当事者となるのは40～50代の男性社員が多く、マネジメント層も多いこの年代への支援策は大半の企業で手薄なのが実態です。

今、介護が大きな問題となっているのには、複合的な要因があります。１つは言うまでもなく、急激な少子高齢化です。詳しくはあとからまた述べますが、日本の高齢化は世界に類を見ない速さで進んでいます。また、家族の状況も変化しています。1990年代に共働き世帯の数が専業主婦世帯の数を抜き、女性も外で働くことが一般的になってきました。さらに、今の30～40代は既に兄弟姉妹が少なく、未婚率が高い世代です。以前のように専業主婦を中心に、兄弟姉妹や配偶者と手分けして介護を担うことが難しい状況なのです。しかも、介護は育児と違って突然はじまり、いつ終わるのか予測がつきません。個人にとっても企業にとっても、育児よりもずっと対策が難しい問題なのです。しかし、日本がこれから厳しい状況を切り開いていくためには、働き手と働く場を確保することが不可欠、つまりは介護と仕事が両立できる環境を創っていくしかありません。

この本は、これから直面するであろう親の介護について考えたい30～50代の方々に向けて書いたものです。この本をヒントに早めに介護について考えはじめ、考えたことを親や家族、兄弟姉妹とシェアしてください。巻末には調べたことや話し合いをまとめるワークをつけました。

介護はチーム戦です。介護される側の親をはじめ、自分の家族や兄弟姉妹、そして職場、近所など、周囲の人が皆チームのメンバーです。「介護と仕事の両立」は、いまや日本人全員が当事者とならざるを得ない大きな問題です。皆さんがこの問題と対峙するとき、この本が力になれたら、そう願っています。

こんな人は読んでください

「そのときがきたら」と考えずに早め早めに準備しよう

その1

まだまだ元気なウチの親
介護なんてずっと先の話で・・・
お電話です
か、母さんが倒れた!?
しっかり!
介護なんてずっと先
なんて言ってた俺がバカだった・・・・!
転んだだけよ
心の準備運動させてもらいました・・。

その2

もしも母さんが倒れたら
まず父さんも倒れるな・・・。
わしゃもうダメじゃ・・・
そして俺が倒れ
介護疲れ。
キャー
妻も倒れる
ムリ。
そして誰もいなくなった。
どうしよう!
必要なのは妄想じゃなくて準備なんですけど?
介護BOOK

まだまだ大丈夫なのでは？ と思ってしまいがちな「介護」の話題。
でも、「いざとなったら」では、気持ちとお金の準備をするには
遅過ぎるのです。この本をきっかけにして、早めに準備をはじめ、
本人と周囲の人の希望に沿った介護のかたちを考えてみてください。

準備が必要なのは
わかったけど…
具体的には
どうすればいいの？

この本を読んで
ワークシートで
チェックしよう！
なるほどー。
こうやって準備すれば
いざって時、安心だね。
家族も
共有できるしね
スゴーイ

ケース①

近隣で暮らす父親が脳卒中に リハビリ施設から自宅、最後は特養へ

自宅で暮らす両親、子ども世帯は近所に暮らす。
父親（75歳）が脳卒中で倒れ、そのまま介護生活へ。

本人の年齢（期間）	75歳（1カ月） →	75歳（3カ月） →	76歳（6カ月） →
状況・介護側の対応	**脳卒中発症・入院** 父親が脳卒中に。すぐに入院して手術。一命は取りとめ、入院期間は1カ月。個室を利用したが、医療行為と判断されて差額ベッド代は発生せず。	**リハビリ専門病院** 半身に後遺症（麻痺）が残り、担当医から紹介されたリハビリ専門病院に3カ月間入院。その後、麻痺が軽減して退院となる。本人は「家に帰りたい」と希望。	**介護老人保健施設** まだ常時介護が必要な状態であり、在宅復帰を目指して介護老人保健施設に入居。要介護2と判定。6カ月で自宅に戻れる状態までに回復。
月額費用	入院費 4万4400円 食費 1万8900円 雑費 1万円 合計（月額） 7万3300円	入院費 4万4400円 食費 1万8900円 雑費 1万円 合計（月額） 7万3300円	居室費用 12万円 食費 5万1000円 介護保険自己負担 2万8000円 雑費 1万2000円 合計（月額） 21万1000円
費用試算の条件	入院費／後期高齢者月額自己負担上限、食費／1日630円×30日、雑費／交通費等	**要介護2** 入院費／後期高齢者月額自己負担上限、食費／1日630円×30日、雑費／交通費等	**要介護2** 老健／ユニット型個室、都内で医療法人が運営。個室料1日3900円。食費／1日1700円×30日。介護保険自己負担／1日833単位日、特別区加算6.8%。雑費／施設ごとに異なる加算の自己負担や日常生活品等
期間の費用合計	**7万3300円**	**21万9900円**	**126万6000円**

※いずれも2012年3月末時点での試算。介護保険法改正などで若干の変動がある。金額はいずれも概算。自宅居住時の家賃・食費などは考慮していない。介護保険自己負担額の詳細については30-31ページを参照。試算では考慮していないが、同世帯で医療と介護の両方を利用した場合に年単位で負担軽減を図る「高額医療・高額介護合算療養費制度」制度もある。

「脳卒中→リハビリ→特養」のケース

　このケースは脳卒中を発症した方が、病院、介護老人保健施設と在宅介護を経て、特別養護老人ホーム（特養）へ入居する、という想定です。在宅介護開始時は妻と息子夫婦が介護を担い、その後衰弱して介護サービスを追加、最後は特養に入居して亡くなる、としています。退院後も定期的な通院が必要で、自宅に戻っても医療費がかかります。要介護度が進み特養への

ここから、介護の状況とそれにあわせてかかる費用を4つのケース別に見ていきましょう。
いずれも仮の設定であり、介護に至る一連の流れやどこで大きく費用がかかるかについて、
イメージしていただくためにつくったものです。
算出された費用も現状の介護制度と仮の設定を踏まえた概算となっています。
介護のかたちとそれにかかる費用は人の数だけありますので、
あくまで「参考値」としてご覧ください。

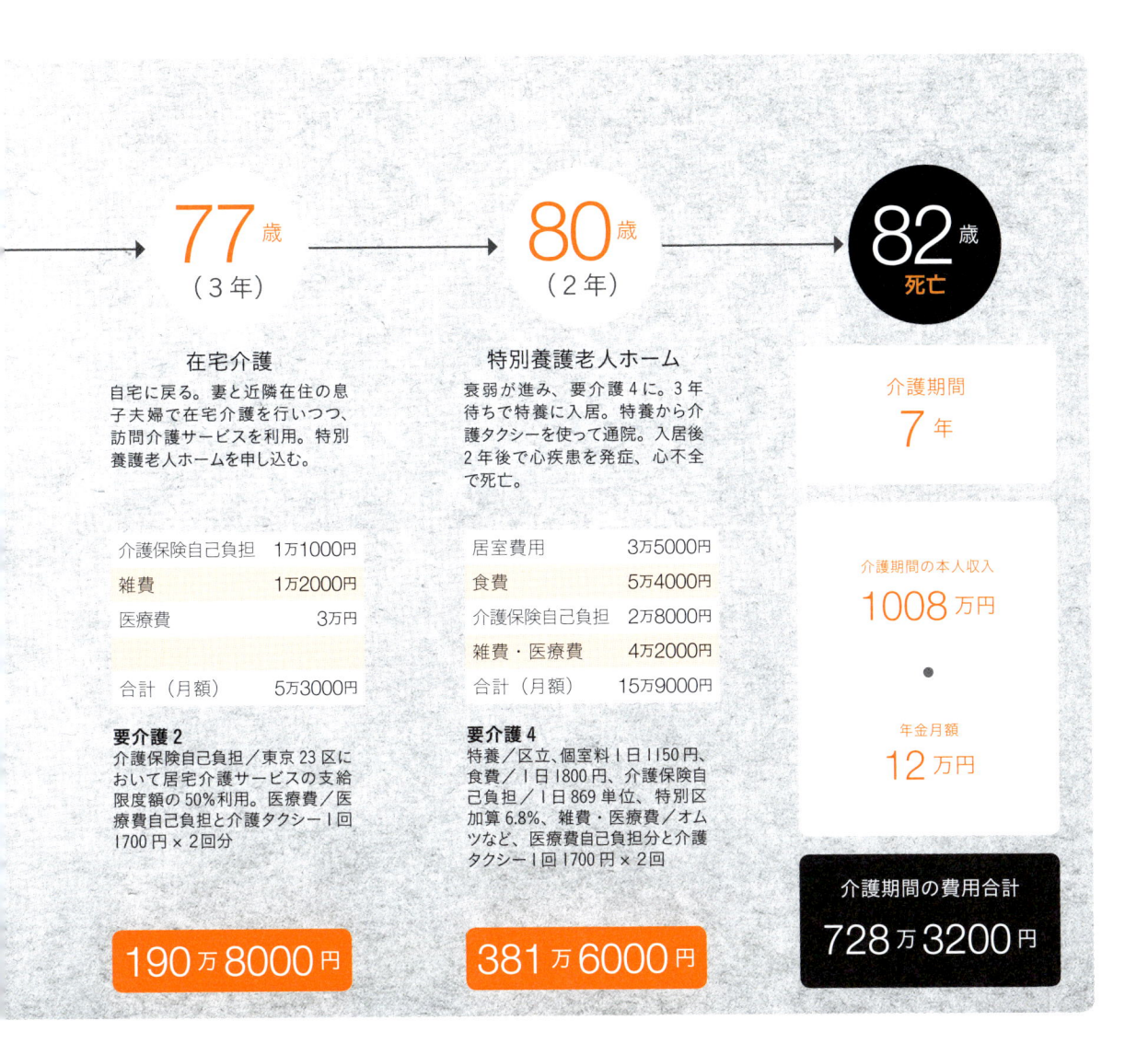

→ 77歳（3年） → 80歳（2年） → 82歳 死亡

77歳（3年）

在宅介護

自宅に戻る。妻と近隣在住の息子夫婦で在宅介護を行いつつ、訪問介護サービスを利用。特別養護老人ホームを申し込む。

介護保険自己負担	1万1000円
雑費	1万2000円
医療費	3万円
合計（月額）	5万3000円

要介護 2
介護保険自己負担／東京23区において居宅介護サービスの支給限度額の50%利用。医療費／医療費自己負担と介護タクシー1回1700円×2回分

190万8000円

80歳（2年）

特別養護老人ホーム

衰弱が進み、要介護4に。3年待ちで特養に入居。特養から介護タクシーを使って通院。入居後2年後で心疾患を発症、心不全で死亡。

居室費用	3万5000円
食費	5万4000円
介護保険自己負担	2万8000円
雑費・医療費	4万2000円
合計（月額）	15万9000円

要介護 4
特養／区立、個室料1日1150円、食費／1日1800円、介護保険自己負担／1日869単位、特別区加算6.8%、雑費・医療費／オムツなど、医療費自己負担分と介護タクシー1回1700円×2回

381万6000円

82歳 死亡

介護期間
7年

介護期間の本人収入
1008万円

年金月額
12万円

介護期間の費用合計
728万3200円

入居を希望するものの、待機者が多く、入居までは3年かかると想定しました。実際、ここでは数年単位の待機が一般的です。特養は入居金がなく、居室費用もさほど高額にはなりませんが、介護度が高いときには医療費や雑費、介護タクシー利用などで施設費のほかに月額5〜7万円ほどかかることが一般的。7年間の介護期間に730万円弱の費用がかかると算出されました。本人は月12万円の年金があり、その範囲でまかなえた、というケースです。

ケース②

娘夫婦と同居の母親の持病が悪化 透析と認知症発症で有料老人ホームへ

子ども世帯と同居する母親(78歳)。 腎臓病の持病があり、認知症発症で在宅介護が困難に。

本人の年齢(期間)	78歳(2週間)	79歳(2年)	81歳(2週間)
状況・介護側の対応	**腎臓病悪化・入院** 父親が死亡したのを機に、母親は自宅を売却し、娘夫婦の家を改築して同居をはじめる。その後持病の腎臓病が悪化して入院。2週間で症状は落ち着きを見せ、自宅に帰る。	**在宅介護** 入院で足腰が衰弱し、日中は訪問介護やデイサービスを利用。夜間は娘夫婦が介護にあたる。	**持病悪化し、再度入院。透析必要に** 腎臓病悪化して再び入院したところ人工透析が必要に。2週間入院し、症状が落ち着いてきたタイミングで退院を求められ帰宅。
月額費用	入院費 4万4400円 食費 1万8900円 雑費 2万円 合計(月額) 8万3300円	介護保険自己負担 1万1000円 雑費 1万円 合計(月額) 2万1000円	入院費 4万4400円 食費 1万8900円 雑費 2万円 合計(月額) 8万3300円
費用試算の条件	入院費/後期高齢者月額自己負担上限、食費/1日630円×30日、雑費/交通費等	**要介護2** 介護保険自己負担/都内において、居宅介護サービスの支給限度額(19480単位)の約50%を利用、雑費/交通費等	**要介護2** 入院費/後期高齢者月額自己負担上限、食費/1日630円×30日、雑費/交通費等
期間の費用合計	8万3300円	50万4000円	8万3300円

※いずれも2012年3月末時点での試算。介護保険法改正などで若干の変動がある。金額はいずれも概算。自宅居住時の家賃・食費などは考慮していない。介護保険自己負担額の詳細については30-31ページを参照。試算では考慮していないが、同世帯で医療と介護の両方を利用した場合に年単位で負担軽減を図る「高額医療・高額介護合算療養費制度」制度もある。

資産を使って有料老人ホームに入居

このケースの最初のポイントは、腎臓病による人工透析、そのための通院対応です。透析費用は公的補助があるため自己負担額は抑えられますが、頻繁な通院には送迎が必要となります。家族の対応が難しければ、介護タクシーや通院送迎サービスを付加した介護サービスを使って対応することになるでしょう。

2つめのポイントは認知症です。持病に加えケース②は、子ども世帯と同居している女性の場合です。
持病の腎臓病が悪化し、人工透析のために週3回の通院が必要になりました。
さらに認知症も併発したため、同居に際して自宅を売却したときに得た資産を使って
有料老人ホームに入居した、という設定です。

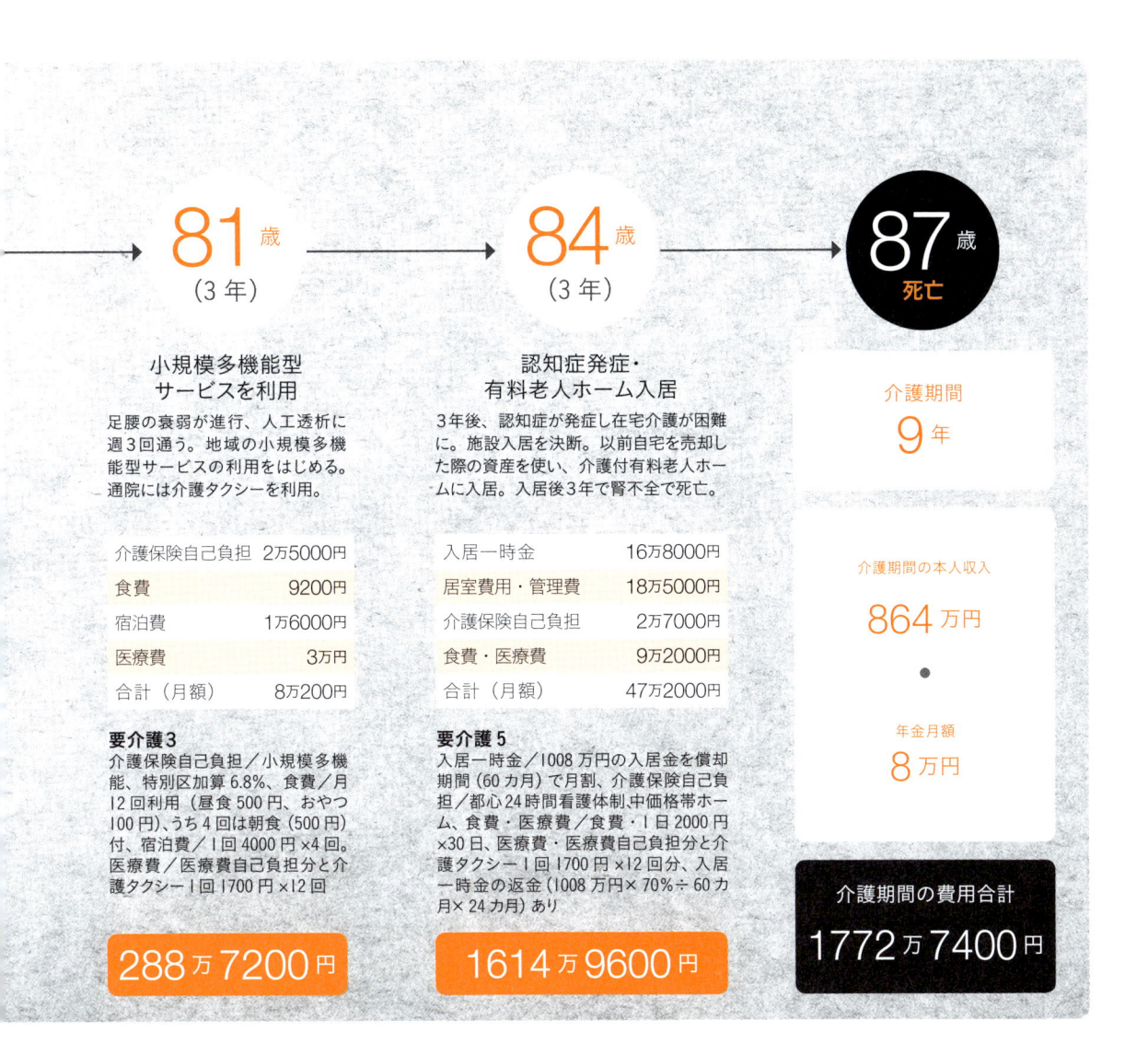

81歳 (3年)

小規模多機能型サービスを利用

足腰の衰弱が進行、人工透析に週3回通う。地域の小規模多機能型サービスの利用をはじめる。通院には介護タクシーを利用。

介護保険自己負担	2万5000円
食費	9200円
宿泊費	1万6000円
医療費	3万円
合計（月額）	8万200円

要介護3
介護保険自己負担／小規模多機能、特別区加算6.8%、食費／月12回利用（昼食500円、おやつ100円）、うち4回は朝食（500円）付、宿泊費／1回4000円×4回。医療費／医療費自己負担分と介護タクシー1回1700円×12回

288万7200円

84歳 (3年)

認知症発症・有料老人ホーム入居

3年後、認知症が発症し在宅介護が困難に。施設入居を決断。以前自宅を売却した際の資産を使い、介護付有料老人ホームに入居。入居後3年で腎不全で死亡。

入居一時金	16万8000円
居室費用・管理費	18万5000円
介護保険自己負担	2万7000円
食費・医療費	9万2000円
合計（月額）	47万2000円

要介護5
入居一時金／1008万円の入居金を償却期間（60カ月）で月割、介護保険自己負担／都心24時間看護体制、中価格帯ホーム、食費・医療費／食費・1日2000円×30日、医療費・医療費自己負担分と介護タクシー1回1700円×12回分、入居一時金の返金（1008万円×70%÷60カ月×24カ月）あり

1614万9600円

87歳 死亡

介護期間
9年

介護期間の本人収入
864万円

年金月額
8万円

介護期間の費用合計
1772万7400円

認知症が発症したことで在宅介護が難しくなり、施設入居を検討する、という設定ですが、施設によっては頻繁な通院が必要な人は入居が難しい場合もあります。このケースは入居しやすい有料老人ホームを選択。なお、入居金は5年を償却期間としてそれより早く退去または死亡した場合には規定額が返金される設定としています（施設により異なります）。9年の介護期間に年金収入を大きく超える1800万円弱の費用がかかりましたが、本人の資産でまかないました。

ケース③

遠方で一人暮らしの母親が認知症に独居で在宅介護からグループホームへ

遠方で一人暮らしの母親（72歳）。認知症を発症し、介護サービスを利用。その後グループホームへ。

本人の年齢（期間）	72歳（2年）	74歳（3年）	77歳（4年）
状況・介護側の対応	**自立状態** 介護不要の自立状態。一人暮らしを不安とする子どもの発案により、電気ポットに付帯する見守りサービスと地元NPOが行う人による見守りサービスを利用開始。	**軽度の認知症発症** ガスの消し忘れなどが頻発。見守りの人からも「認知症ではないか」という連絡が入る。病院で「軽度の認知症」と診断。予防訪問介護と予防通所介護を利用。子どもによる遠距離介護開始。	**認知症進行・要介護度上がる** 認知症が進み、要介護3に。デイサービスと夜間対応型訪問介護の利用を開始。
月額費用	見守りポットサービス 3000円 有人見守りサービス 3000円 合計（月額） 6000円	介護保険自己負担 6800円 交通費 2万円 合計（月額） 2万6800円	介護保険自己負担 2万1400円 交通費 2万円 雑費 1万5000円 合計（月額） 5万6400円
費用試算の条件	自立状態。ポットサービス／電気ポットの使用状況が日々メールされるもの、有人見守りサービス／週に1回、NPOの職員が訪問するもの	**要支援2** 介護保険自己負担／地方都市において予防訪問介護と予防通所介護を利用（訪問2468単位、通所4353単位）、交通費／月1回の帰省。航空会社の「介護割引サービス」を利用	**要介護3** 介護保険自己負担／地方において、居宅・通所介護サービスを支給限度額の80％利用、雑費／オムツなど、交通費／月1回の帰省
期間の費用合計	14万4000円	96万4800円	270万7200円

※いずれも2012年3月末時点での試算。介護保険法改正などで若干の変動がある。金額はいずれも概算。自宅居住時の家賃・食費などは考慮していない。介護保険自己負担額の詳細については30-31ページを参照。試算では考慮していないが、同世帯で医療と介護の両方を利用した場合に年単位で負担軽減を図る「高額医療・高額介護合算療養費制度」制度もある。

地元サービスを使って遠距離介護

遠方で暮らす母親に認知症が発症したこのケースでは、各種の介護サービスを利用して遠距離介護を続けた、という想定です。介護発生前から各種の「見守りサービス」を利用して認知症発症に早期に対応、訪問介護・通所介護と子どもによる月1回の遠距離介護によって、7年近くを独居で生活しました。その後認知症が悪化したために、地元のグループホームに入居。

ケース③は、遠くの実家で一人暮らしの母親（72歳）が認知症になった場合。
介護度が軽度のうちは見守りを兼ねた子どもの遠距離介護と
訪問介護サービスで対応していましたが、重度になると常時介護が必要となり、
グループホームに入居した、という設定です。

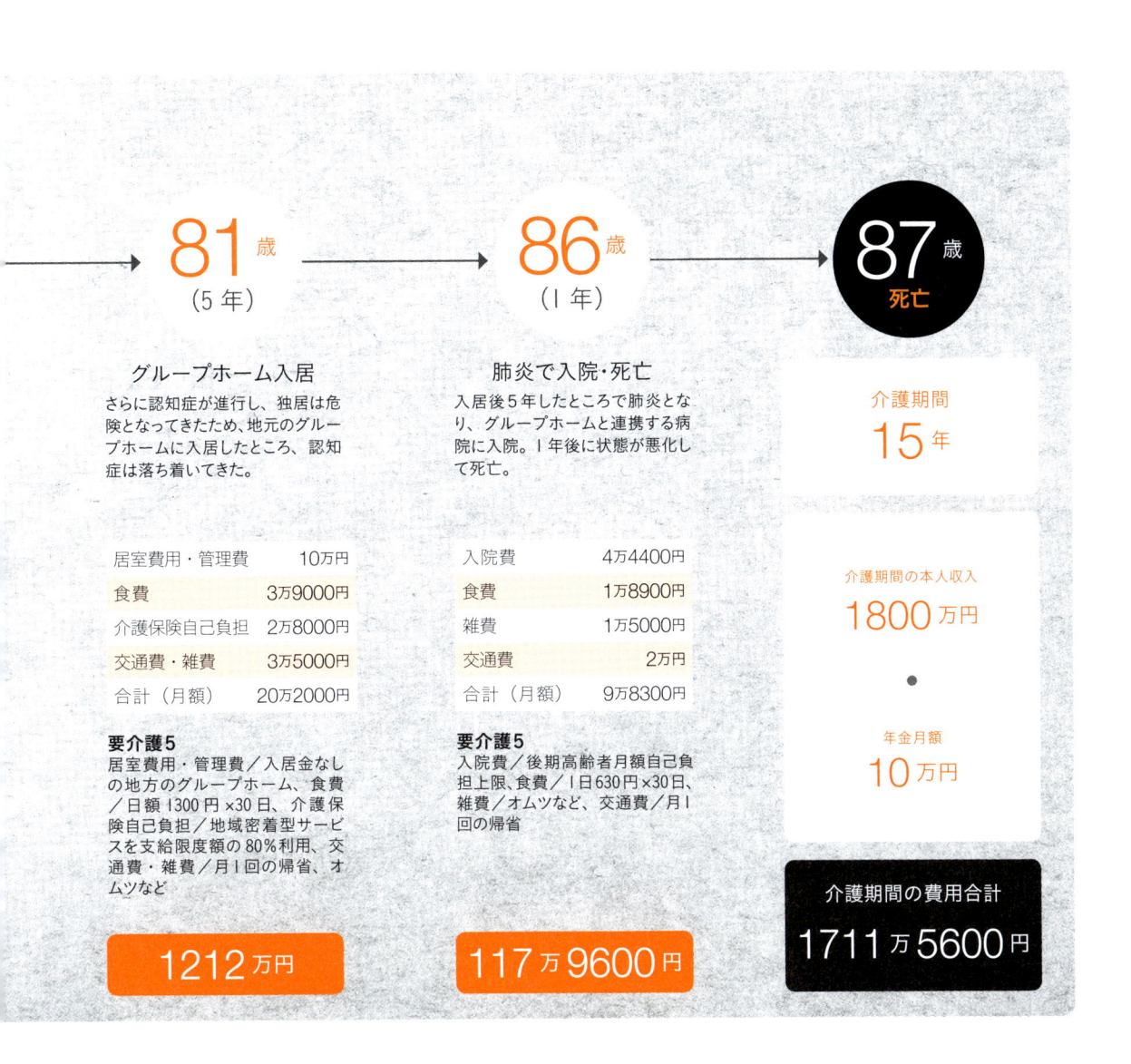

81歳（5年）

グループホーム入居

さらに認知症が進行し、独居は危険となってきたため、地元のグループホームに入居したところ、認知症は落ち着いてきた。

居室費用・管理費	10万円
食費	3万9000円
介護保険自己負担	2万8000円
交通費・雑費	3万5000円
合計（月額）	20万2000円

要介護5
居室費用・管理費／入居金なしの地方のグループホーム、食費／日額1300円×30日、介護保険自己負担／地域密着型サービスを支給限度額の80％利用、交通費・雑費／月1回の帰省、オムツなど

1212万円

86歳（1年）

肺炎で入院・死亡

入居後5年したところで肺炎となり、グループホームと連携する病院に入院。1年後に状態が悪化して死亡。

入院費	4万4400円
食費	1万8900円
雑費	1万5000円
交通費	2万円
合計（月額）	9万8300円

要介護5
入院費／後期高齢者月額自己負担上限、食費／1日630円×30日、雑費／オムツなど、交通費／月1回の帰省

117万9600円

87歳 死亡

介護期間
15年

介護期間の本人収入
1800万円

年金月額
10万円

介護期間の費用合計
1711万5600円

グループホームとは、小規模で運営される認知症対応に特化した施設。医療行為は行わないところもあり、そうした場合は「終の棲家」にはなりにくいでしょう。このケースも最後は病院に再度入院して亡くなる、という想定です。15年間の介護費用概算は本人の年金額とほぼ同額となりました。グループホームや小規模多機能型サービス等の地域密着型サービスは、第三者評価を行った結果を都道府県のサイトなどで公開しており、施設選びの参考になります。

ケース④

「最期まで自宅で」という希望により介護サービスをフル利用して在宅介護

一人暮らしになった父親（77歳）が認知症を発症、子どもと介護サービスが連携して介護の態勢をつくる。

本人の年齢（期間）	77歳（3年）	80歳（4年）
状況・介護側の対応	**配食サービスを利用開始** 妻を亡くして一人暮らしに。家事が不得手で食生活が悪化したため、子どもの薦めにより配食サービスを利用開始。	**家事援助サービスを利用開始** 身の回りの世話を中心に家事援助サービスを利用開始。自立状態のため介護保険の適用外で全額を自己負担。
月額費用	配食サービス　1万8000円 合計（月額）　1万8000円	家事・支援サービス費　3万6000円 合計（月額）　3万6000円
費用試算の条件	自立状態。配食サービス／1日600円×30日（補助等なし）	自立状態。家事支援サービス／1日3000円×12回（調理や清掃など）
期間の費用合計	64万8000円	172万8000円

※いずれも2012年3月末時点での試算。介護保険法改正などで若干の変動がある。金額はいずれも概算。自宅居住時の家賃・食費などは考慮していない。介護保険自己負担額の詳細については30-31ページを参照。試算では考慮していないが、同世帯で医療と介護の両方を利用した場合に年単位で負担軽減を図る「高額医療・高額介護合算療養費制度」制度もある。

「最期まで自宅で」の希望に対応

最後のケースは、「最期まで自宅で過ごしたい」という希望を貫いた方の例です。妻を亡くし、都内で一人暮らしになった77歳の男性。子ども2人は2時間ほどかかる場所に住んでおり、連日の介護は難しい状況。子どもは同居や施設への入居を検討するよう薦めますが、本人は自宅で過ごすことを希望。家事が不得手なために自己負担で配食サービスの利用をはじめま

ケース④は、妻の死亡により一人暮らしとなった男性。子どもとの同居や施設入居も検討したものの、本人の希望を尊重し、自宅で生活を続けました。その後ゆるやかに認知症を発症しましたが、本人が引き続き自宅での生活を希望したため、平日は各種の介護サービスを使い、週末は子どもが通うことで最期まで在宅で介護を続けた、という設定です。

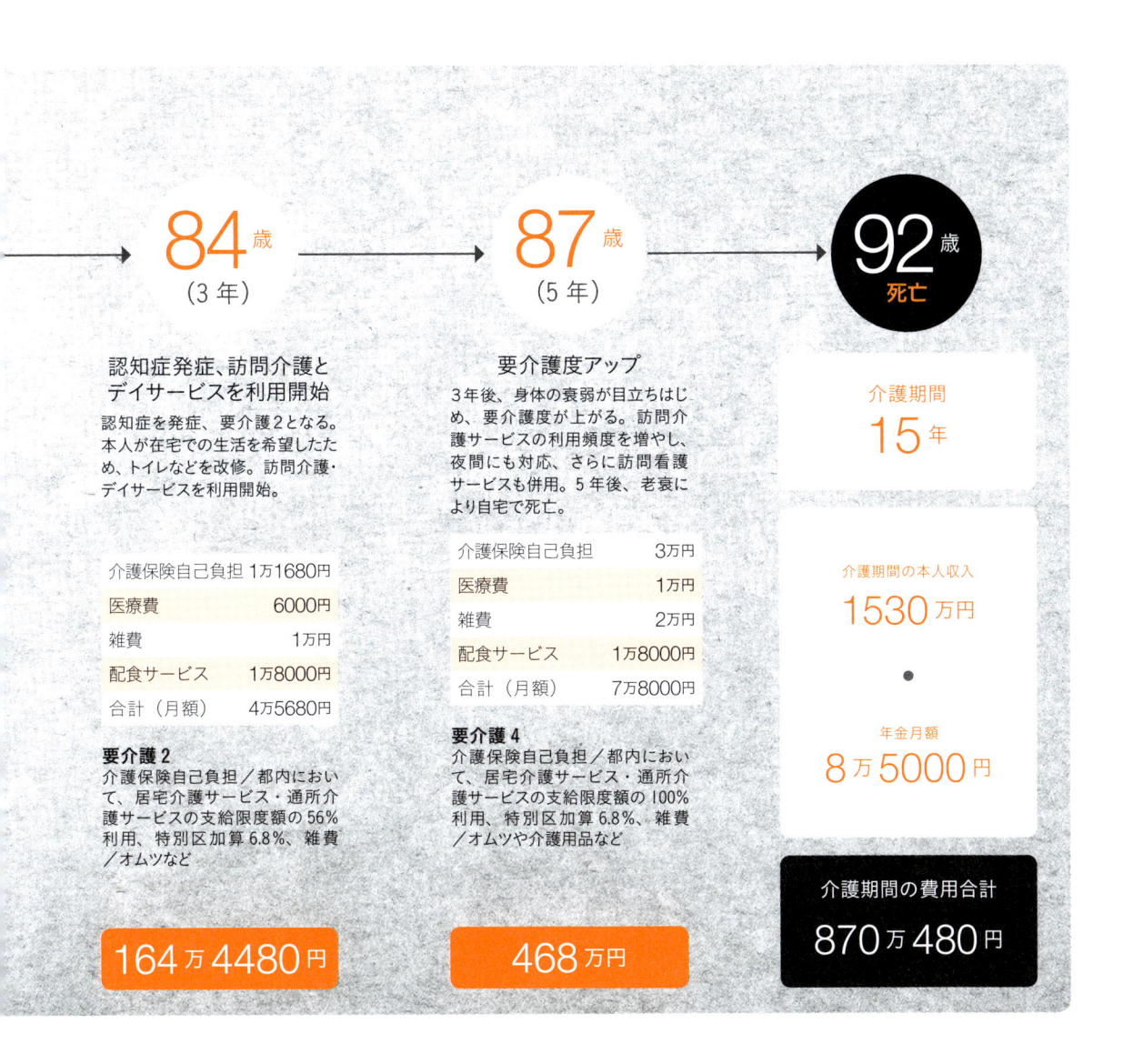

84歳 （3年）

認知症発症、訪問介護とデイサービスを利用開始

認知症を発症、要介護2となる。本人が在宅での生活を希望したため、トイレなどを改修。訪問介護・デイサービスを利用開始。

介護保険自己負担	1万1680円
医療費	6000円
雑費	1万円
配食サービス	1万8000円
合計（月額）	4万5680円

要介護2
介護保険自己負担／都内において、居宅介護サービス・通所介護サービスの支給限度額の56%利用、特別区加算6.8%、雑費／オムツなど

164万4480円

87歳 （5年）

要介護度アップ

3年後、身体の衰弱が目立ちはじめ、要介護度が上がる。訪問介護サービスの利用頻度を増やし、夜間にも対応、さらに訪問看護サービスも併用。5年後、老衰により自宅で死亡。

介護保険自己負担	3万円
医療費	1万円
雑費	2万円
配食サービス	1万8000円
合計（月額）	7万8000円

要介護4
介護保険自己負担／都内において、居宅介護サービス・通所介護サービスの支給限度額の100%利用、特別区加算6.8%、雑費／オムツや介護用品など

468万円

92歳 死亡

介護期間
15年

介護期間の本人収入
1530万円

年金月額
8万5000円

介護期間の費用合計
870万480円

した。その後認知症を発症、この時点でも在宅介護を希望したためトイレや台所などを改修し、訪問介護とデイサービスを利用。子ども2人と介護者が連絡を取り合い在宅介護にあたりました。次第に介護度が上がってきたため夜間も含め利用を増加。平日は途切れずサービスを受ける態勢をつくり、週末は子どもが通って介護。最後は訪問看護サービスも併用して、自宅で亡くなりました。約870万円の費用は本人の年金でまかなった、と想定しています。

介護にもはや「正解」はない

親の理想の人生を手伝うという発想 子ども世代の情報共有がカギ

介護休業は使われていない

ここで、介護をめぐる法的な枠組みについて今一度確認しておきましょう。

「介護休業・介護休暇」は、「育児・介護休業法」によって定められたものです。家族１人が要介護状態になるごとに通算93日までの休業が取得できる「介護休業」に加え、2010年の法改正では年５日まで休暇が取得できる「介護休暇」が新設されました。休業期間中は、雇用保険から休業前賃金の最大４割に相当する給付を受け取ることができます。また、介護中で休業を取得していない労働者に対し、雇用主が短時間勤務、フレックスタイム制、始業・終業時刻の繰り上げ下げ等の措置をとらねばならないこと、一定時間以上の時間外労働・深夜労働をさせないことについても定められています。

ただ、育児休業の取得率が女性では83.7％（厚生労働省「雇用均等基本調査」、2010年度）になっているのに対し、介護休業の取得率は1.5％（労働政策研究・研修機構「介護休業制度の利用拡大に向けて」、2006年）と低調です。これは、制度自体があまり知られていなかったり、周知徹底が図られていなかったり、知ってはいても取得しにくい職場の雰囲気があることが原因だと思われます。ここ最近、企業側が「介護関連の制度ガイドブック」を作って情報発信したり、上手に休業制度を使うモデルケースの方を社内に紹介をしたり、などの事例が増えています。

介護休業にまつわる誤解

介護休業について、よく誤解されていることがあります。それは、「休業すれば、会社に費用負担をかけてしまう」ということ。前述のように、休業期間中の給付金は雇用保険から支払われるものであり、会社の直接的な負担はありません。もちろん一定期間休む人が出れば、欠員補充や仕事の割り振りの見直しなどの作業は必要になるでしょう。ですが、こうした作業がムダな仕事のあぶり出しにつながったり、若手にチャンスを与えたりなど、知恵を使えば組織へのメリットに転換することもできます。こうした点は育児休業と同じです。

ですが、介護休業と育児休業では大きく異なる点があります。それが、育児休業は「休業者が育児の主体者となるため」、つまり本人が育児をするための休業なのに対し、介護休業は「休業者が外部と連携し、介護の態勢を整えるため」の休業と想定されていること。このため、期間も育児休業が最長１年６カ月間取得できるのに対し、介護休業は最長93日と短くなっています。なぜなら、介護は１年やそこらで終わるものではない場合が大半なのです。長期化するからこそ、介護休業の93日間は介護に

日本の人口に占める65歳以上の高齢者の比率（高齢化率）は、2010年時点で約23%（「高齢社会白書」）、2055年には約40%を突破すると予測されています。一方、65歳以上の高齢者人口と生産年齢人口（15〜64歳）を対比すると、2000年には高齢者１人を3.9人で支える構造だったのが、2025年にはこれが２人となり、わずか25年で半減することが予想されています。

「専念」するのではなく、仕事と介護を両立させるためのサービスや施設探しをするための期間にしなければならないのです。

そうは言っても、倒れた親を抱えながら、介護について一から調べ、兄弟姉妹や配偶者と話し合い、介護される本人の意向も確認していくのは大変な作業です。実際、こうした準備をせずに介護生活に突入された方は、誰もが「とても大変だった」と言います。だからこそ、「実際の介護に入る前」の情報収集と話し合いが重要になってくるのです。

●

介護保険の提唱する新たな介護

もう１つ、介護関連で重要な制度が「介護保険制度」（詳細は30ページ）です。2000年にはじまったこの制度で、日本の介護事情は大きく変わりました。それまで、結果的に多くを家族が担っていた介護が、保険制度の導入によって社会化され、多くの企業が介護事業に参入しました。介護保険制度の設立にあたっての思想は、「介護を契約化し、高齢者が自らの権利をもって自立する」というものです。つまり、近親者の介護を「家族の義務」とせずに、自立した個人としての高齢者を家族と外部サービス、ひいては国と自治体が支援する、というのが介護保険の提唱する新しい介護の姿なのです。

誰しも、大切な両親が介護状態になれば、「できるだけのことをしたい」と考えるでしょうし、そうした気持ちをもっている方だからこそ、この本を手にとってくださったのだと思います。でも、介護を「家族の義務」ではなく、両親が最後まで自分らしく生きるための「手助けをするもの」だと考えてみてください。介護に対し義務感にとらわれて抱えこむと、介護する側の負担感が増し、介護うつや高齢者虐待といった問題を引き起こしかねません。

世界でも類を見ない超高齢化社会に突入するこれからの日本において、「こうでなければならない」という介護のかたちはもはやない、と言っていいでしょう。皆さん一人ひとりが情報収集しながら、自分と家族がより幸せになる方法を模索し、そしてその結果を多くの人とシェアすることから、この大きな問題を解決していくための手がかりが出てくるのだと思います。私もその一助を担いたいと思いますし、同じ世代の皆さんと一緒に「理想の介護」のかたちを早め早めに考えることは、近親者のためだけでなく、私たち子ども世代自身のためにもなるはずだと感じています。

あなたの親を支えるための
介護準備ブック
CONTENTS

ワークシート

「介護」に対するあなたのイメージは

「親はまだまだ元気。介護なんて、考えたこともない」

図1 世界の高齢化率の推移と予測

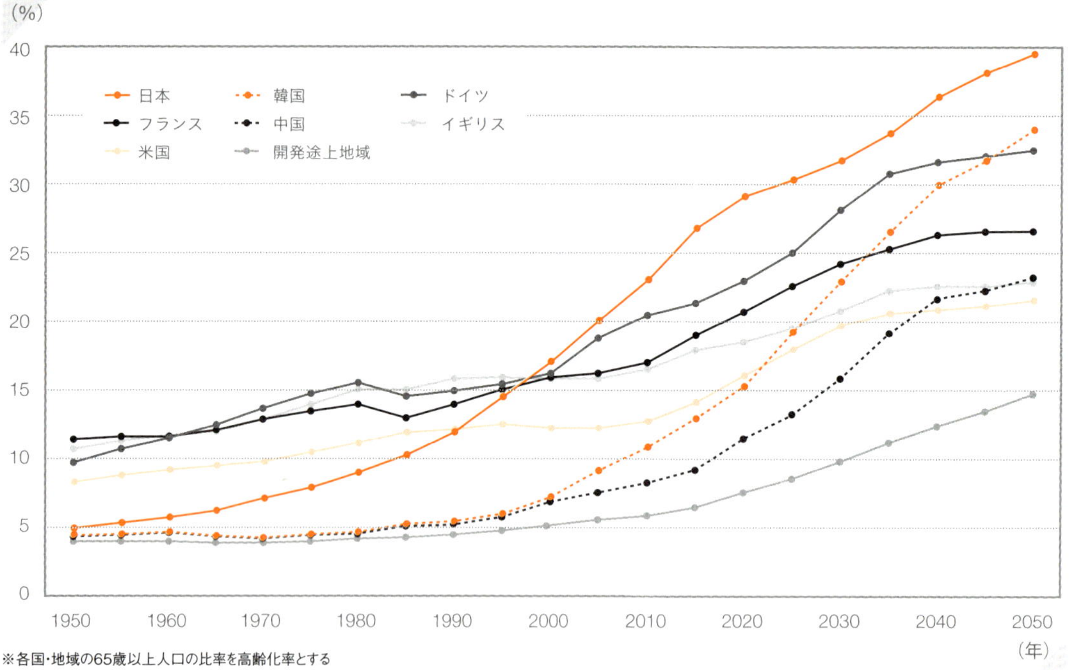

※各国・地域の65歳以上人口の比率を高齢化率とする
国際連合「World Population Prospects: The 2008 Revision Population Database」より作成。ただし日本は、2005年までは総務省「国勢調査」、2010年以降は国立社会保障・人口問題研究所「日本の将来推計人口（平成18年12月推計）の出生中位・死亡中位仮定による推計結果による。開発途上地域とは、アフリカ、アジア（日本を除く）、中南米、メラネシア、ミクロネシア及びポリネシアからなる地域をいう。

もう１つの「2007年問題」への対処

図１のとおり、日本の高齢化率は世界１位。2007年には、団塊世代の定年退職がはじまり、労働力が不足するという「2007年問題」が話題になりました。これを機に女性社員が育児と仕事を両立できるよう、制度や環境を改革する企業が増えました。

そして今、日本社会は「もう１つの2007年問題」とも呼ぶべき事態に直面しています。2017年には2007年前後に退職した団塊世代が70歳を超え、要介護者の割合が急激に高まる年代に達します。大介護時代が訪れ、施設不足も予想されます。つまり、親の介護に時間を割きながら、仕事との両立に悩む団塊ジュニア世代が大量に発生することが見込まれるのです。「介護と仕事の両立」は、企業にとっても社員にとっても、共通の問題となりつつあります。

「再雇用」「一時休業」では対応できない

この本を手にしたあなたは、介護についてどのようなイメージをもっているでしょうか？

ある企業が、自社の社員に対して、「介護に直面した際に、会社に対してどんな支援制度を求めたいか」を尋ねるアンケートを行った結果、圧倒的に多かったのが「再雇用制度」と「介

「介護と聞いても、どこか他人事のようでピンとこない」
「介護することになったとしても少し会社を休んで施設を探せばいい」
そうした考えには、大きな「落とし穴」があります。
介護は育児と違って「はじまり」も「終わり」も見えないものなのです。

図2 介護期間の平均

介護を行なっていた期間（現在介護を行っている人は経過期間）は**平均55.2カ月（4年7カ月）。4年以上介護した割合も4割を超える。**

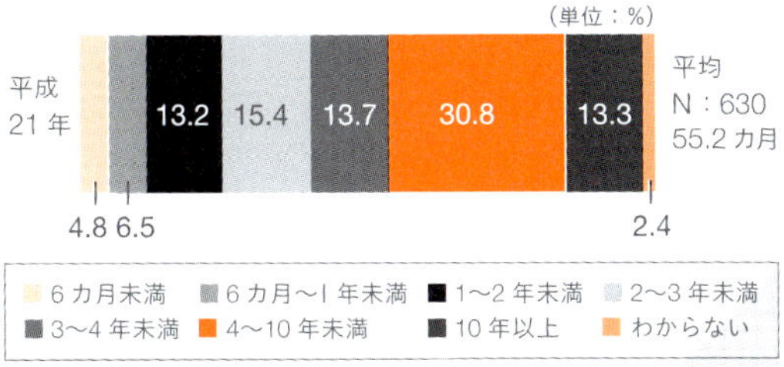

生命保険文化センター「生命保険に関する全国実態調査」（平成21年度）

護休業の延長」でした。これは、つまり自分がいったん退職したり休業したりして介護に「専念」し、介護が「終わったら」職場復帰するという形で介護を乗り切ろう、と考えている人が多いことを表します。しかし、その介護が「終わる」のは果たして何年後なのでしょうか？

図2のように、介護期間の平均は55.2カ月（4年7カ月）に及びます。4年以上介護したケースも全体の4割以上を占めています。見守りや入院の期間をあわせれば10年単位になることもふつうです。

もちろん、介護をまったく必要とせずに亡くなる方や数週間だけ入院して亡くなる方もいます。でも、いずれにせよ、介護はいつはじまり、いつ終わるのかが誰にもわからないのです。

前述のように、育児・介護休業法で制定されている通算93日の介護休業期間は家族が介護される人の状態を見定め、どんな介護を行うかを検討し、サービスや施設を探す「介護の態勢を整える期間」として設計されています。しかし、多くの人は介護に要する期間を非常に短く見積っているため、この休業期間中に自分自身が介護を担おうとしてしまいます。介護が長期間に及ぶ可能性が高いことを知っていれば、介護が発生した段階から「仕事との両立を考える」ことに意識を集中できるでしょう。

私たちが行っている「介護に対するイメージ」のヒアリング調査からも、多くの誤解が見られます。多く聞かれるイメージは**図3**の4つに大別できます。

「自分の親だけは大丈夫では？」「本人が施設に入ると言っているので自分に影響はない」「姉妹や妻がやってくれるのでは？」といった、あまりにも楽観的過ぎる意見が出てきます。これでは、目の前に迫った問題にフタをして先送りしている状態です。

ヒアリングから見えてきた典型的な「誤解」とそれに対する「現実」については、次のページから順を追って解説していきます。

図3 介護に対するイメージの例

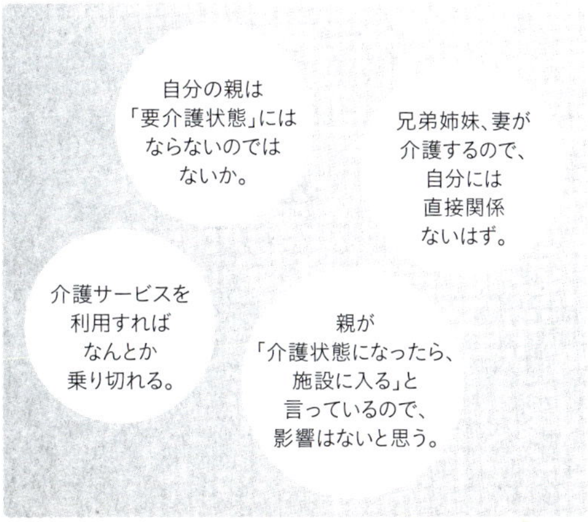

これらのイメージが本当に実現するのか、考えてみよう

介護は誰の身にも降りかかる

統計から見えてくる「一億総介護時代」の必然性

誤解1：自分の親は「要介護状態」にはならない？

図4　年齢階級別・介護保険の受給者数

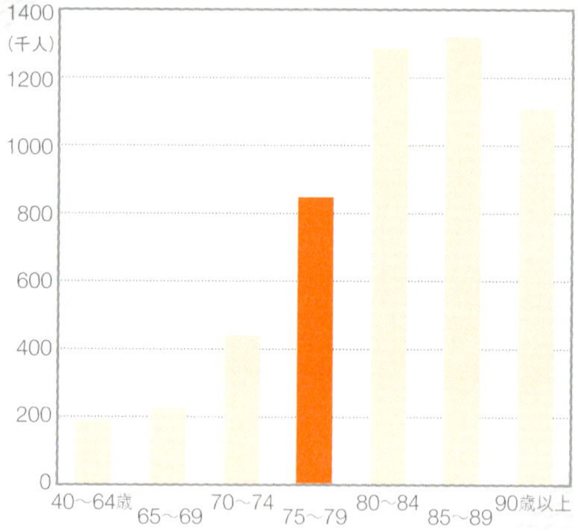

厚生労働省「介護給付費実態調査月報」（平成24年1月審査分）

図5　要介護度別認定者数の推移

75歳以上の要支援・要介護認定者の割合

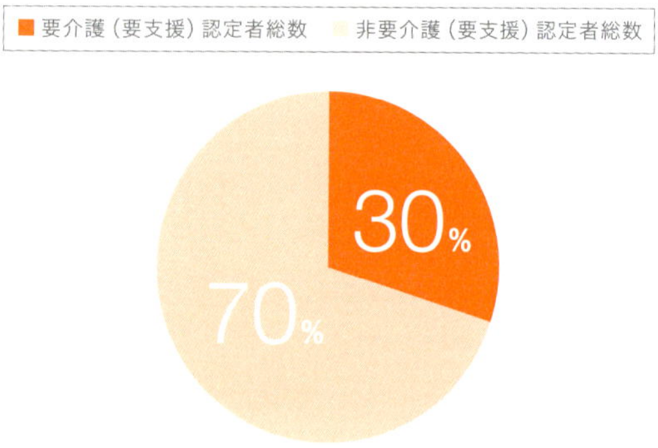

▶75歳以上の高齢者の約3割は要介護状態にある

厚生労働省「介護保険事業状況報告」（平成22年7月暫定版）より筆者作成

もはや「PPK」は幻想

では、介護にまつわる「4つの誤解」を検証していきましょう。まず、「自分の親は健康であり、今後も要介護状態にはならないのではないか」というイメージをもつ方はとても多いのですが、**図4**を見てください。これは年代別に介護を要する人の数をグラフにしたものです。75歳を過ぎるとその数が一気に増え、80～84歳で再度急激に増えることがわかります。**図5**を見ると75歳以上の人の「要支援・要介護認定者」の割合は30％、つまり3人に1人は何らかの介護が必要な状態になっています。夫婦単位で見れば4人の親がいる場合が多く、82歳という世界一の日本人の平均寿命を考え合わせれば、いずれはそのうちの1人以上に介護が必要になる可能性が高い、ということが読み取れます。

「理想の死に方」として「PPK（ピンピンコロリ）」という言われ方があります。何歳になってもピンピンと健康で過ごし、長患いせずコロリと死ぬことで自分も楽しく周りに迷惑をかけない理想的な人生の終え方だ、ともてはやされた言葉です。しかし、医療関係者の方は「PPKはもはや幻想だ」と言います。医療が発達した現在、脳卒中や発作を理由に死に至る人が減った反面、長い入院や介護生活を余儀なくされる人が増えています。こうした数字と事実を見れば「自分の親だけは介護状態にならない」というのはあり得ない思い込みだということがわかります。

特養への入所待機は42万人

次に、「親は介護施設に入ると言っているか

「今、これだけ元気のいい親が、介護が必要になるとは思えない」
しかし、75歳以上の3人に1人は「要支援・要介護状態」となることがデータから読み取れます。
また、「親は介護施設に入ると言っているから大丈夫」という人もいますが、
公的な施設はどこも満杯、すんなり施設に入れることは極めてまれなのです。

誤解2：親は施設に入るから、自分には影響がない？

図6 特別養護老人ホームへの入所申込状況調べ（都道府県別）

単位：人

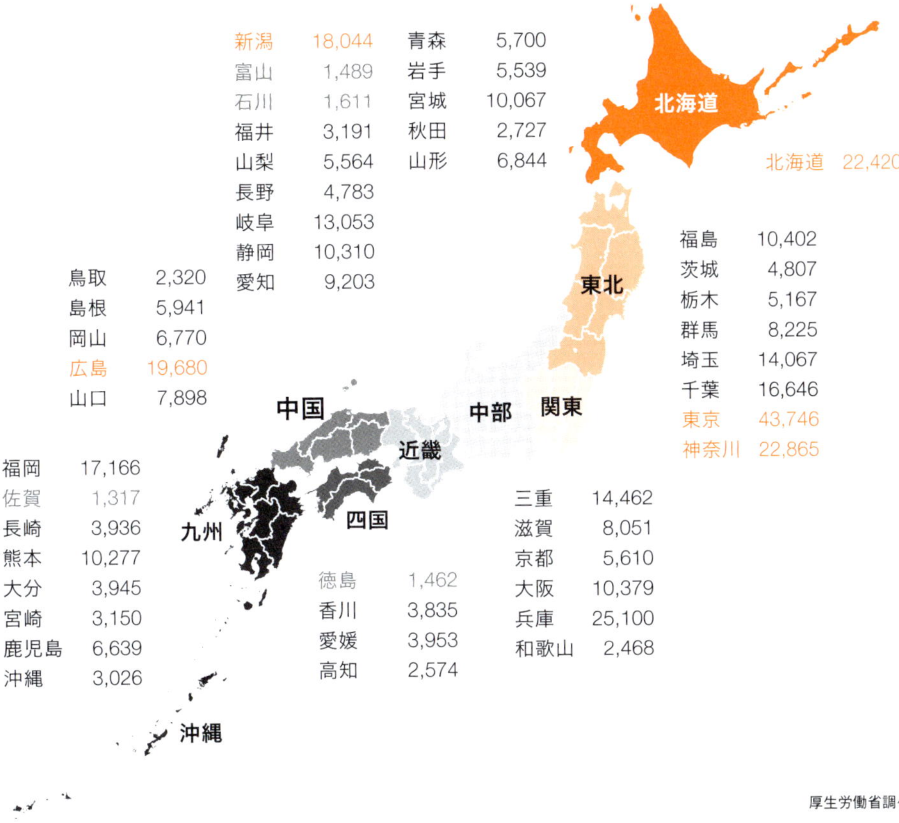

北海道	22,420

青森	5,700
岩手	5,539
宮城	10,067
秋田	2,727
山形	6,844

福島	10,402
茨城	4,807
栃木	5,167
群馬	8,225
埼玉	14,067
千葉	16,646
東京	43,746
神奈川	22,865

新潟	18,044
富山	1,489
石川	1,611
福井	3,191
山梨	5,564
長野	4,783
岐阜	13,053
静岡	10,310
愛知	9,203

三重	14,462
滋賀	8,051
京都	5,610
大阪	10,379
兵庫	25,100
和歌山	2,468

鳥取	2,320
島根	5,941
岡山	6,770
広島	19,680
山口	7,898

徳島	1,462
香川	3,835
愛媛	3,953
高知	2,574

福岡	17,166
佐賀	1,317
長崎	3,936
熊本	10,277
大分	3,945
宮崎	3,150
鹿児島	6,639
沖縄	3,026

厚生労働省調べ（平成21年）

ら自分には影響がない」というイメージはどうでしょうか。**図6**を見てください。これは、都道府県別の「特別養護老人ホーム（特養）」の申込者数です。介護度の高い人を中心に受け入れる施設である特養は定員が埋まっていることが大半なので申込者数はほぼ待機者数と等しくなり、全国で見ると、この数は約42万人にのぼります。保育園の待機児童数の約2万5000人（2011年時点）と比較すると、その数の多さが実感できます。常時介護が必要な寝たきりや進行した認知症など、緊急度の高い「要介護4・5」の人であっても、数年単位で入居待ちをしているのが現状なのです。

数百万〜数千万円単位の入居金を要する有料老人ホームであれば話は別ですが、費用の抑えられる公的施設はこうした状況です。また、介護度が低い時期はそもそも公的施設には受け入れられません。

介護は誰の身にも降りかかる

「誰かに任せ切り」という選択肢の非現実性とリスク

誤解3：兄弟姉妹、妻が介護するので、自分には直接関係ない？

図7　共働き世帯数の推移

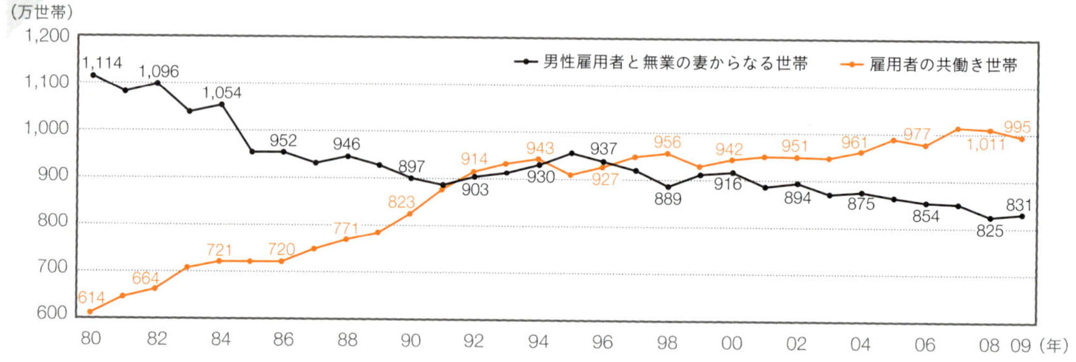

（備考）1.昭和55年から平成13年は総務省「労働力特別調査」（各年2月。ただし、昭和55年から57年は各年3月）、14年以降は「労働力調査（詳細集計）」（年平均）より作成。
2.「男性雇用者と無業の妻からなる世帯」とは、夫が非農林業雇用者で、妻が非就業者（非労働力人口及び完全失業者）の世帯。
3.「雇用者の共働き世帯」とは、夫婦共に非農林業雇用者の世帯。

図8　介護をするうえで困難や負担を感じる理由

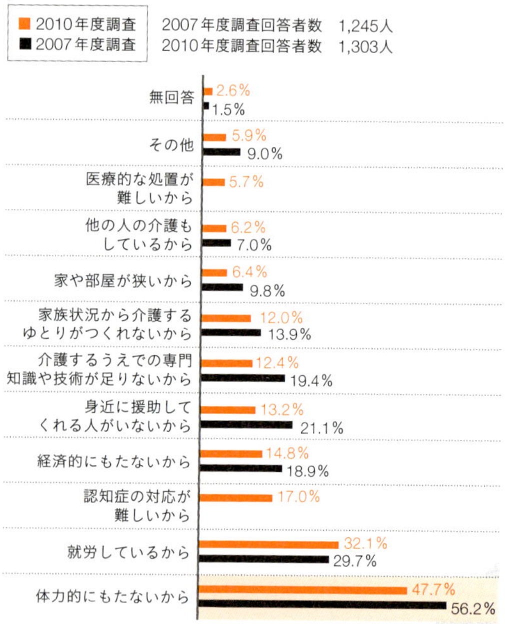

川崎市「高齢者実態調査」平成22年度報告書より

1人の介護に4人の手が必要

男性の方から多く聞かれるイメージが「介護は兄弟姉妹、妻が担うので、自分には直接関係ないはず」という考え方です。**図7**をご覧ください。日本では、1990年代から「共働き世帯」が「働く夫＋専業主婦世帯」の数を上回りはじめ、その差はますます広がっています。配偶者も仕事をしていれば、親の介護を全面的に任せることは無理でしょう。

また、妻が専業主婦であったとしても、介護を任せ切りにする、というのはリスクの高い選択です。介護の専門家は「1人を介護するのに家族と介護のプロをあわせ、4人の手が必要」と言います。身体介護では力のない女性にとって大きな負担となる作業もあります。男性を含めて関わる人を増やし、プロの手も借り、介護する側もされる側もストレスをためないように

「親が介護になっても妻に任せればいい」と家族の支援を過剰に期待するのは禁物です。専業主婦など、時間に融通が効く家族がいても、介護は1人では担い切れない重労働です。さらに、デイサービスなどを利用しても、朝夕の一定の時間は家族が関わる時間が必要になります。家族と支え合いながら介護をするためには、働き方を見直す必要も出てくるでしょう。

誤解4：介護サービスを利用すればなんとか乗り切れる？

図9 在宅介護生活の1日のイメージ

デイサービス（通所介護）での利用者の1日		皆さんの1日	
送迎開始　送迎車にて迎え（巡回）	09:00	見送り　自宅前から送迎車に預ける	朝のデイサービスの迎えは9時前後。要介護者の体調や気分によっては通えないこともある
		通勤	
健康チェック			
	10:00	出社　勤務開始	
入浴　レクリエーション			
昼食　休憩	12:00	10時～16時で会議・プロジェクト対応・電話・打合せ……などの業務を実施	
レクリエーション～絵画・手芸など			
	14:00		
おやつ　運動			
送迎開始　送迎車にて送り（巡回）	16:00	退社　自宅へ	
		お迎え　自宅前で送迎車から迎える	夕方は16時～17時に送りの事業者が大半。介護状況によっては出迎えや食事の用意等が必要
	18:00	介護　在宅介護スタート	

気を付けなければなりません。

図8を見てください。「介護をするうえで困難や負担を感じる理由」の第一は「体力的にもたないから」、「認知症の対応が難しいから」という回答の割合も高くなっています。私もデイサービスでボランティアをする中で、認知症による徘徊・暴言・暴力を目にして大きな衝撃を受けました。本書の後半に実際の事例をいくつか扱っていますが、こうした厳しい状況を誰か1人に押し付けた場合、介護うつ、虐待といった深刻な事態を引き起こしかねません。

通所型介護は夕方には家に帰る

「介護サービスを使えば乗り切れるのでは」というイメージもよく耳にします。比較的軽度の介護の場合によく使われるのが、通所して日中に利用する「デイサービス」です。デイサービスは利用時間を朝の9時から夕方の16時半程度とする施設が多いようです。事業者が利用者を自宅まで送迎することが一般的ですが、利用者が自分で動けなかったり食事の用意ができなかったりすれば、家族が見送りと出迎えをすることになります。働く方であればこれまで通りの勤務時間はとうてい確保できないでしょう。国は介護サービスの時間を延長する対策を講じていますが、採算の面から応じる事業者は限られる可能性があります。

図9は、働く人が介護を担う場合の1日の流れのイメージです。朝は9時に親をデイサービスに送り出してから出勤。10時から仕事をはじめ、16時には早くも帰宅時間となります。これだけ限られた時間のなか業務をこなさなければならないのです。「介護サービスを使えば乗り切れる」というのは一面では事実ですが、皆さん自身も仕事のやり方を見直し、生産性の高い働き方をすることが必要になります。

介護は誰の身にも降りかかる

介護を前向きにとらえるために はじめに心に留めたい4つのポイント

図10 介護を前向きにとらえる4つのポイント

1 事前準備と情報収集をする

2 親と向き合い、コミュニケーションをとる

3 家族の協力と外部サービスを確保、経済的基盤を確保する

4 働き方そのものを見直す

知らない・見えないという不安によって問題から目を背けずに
前向きに介護と向き合っていく

前向きに考えることからはじまる

ここまで、介護は誰でも直面する可能性のある問題であり、誰かにすべてを押し付けて済ますできことはできない、ということを理解していただけたのではと思います。

まずは、「介護は厄介なことだからかかわりたくない」と忌避するのではなく、前向きに考えることからはじめましょう。介護は「終わりの見えない大変な作業」というのは事実の一面ではありますが、育児によって働き方を変え、新たな視点を手に入れる人がいるように、介護もとらえ方次第では、新しい視点を手に入れるチャンスともなるはずです。では、どのようなマインドで介護に向き合っていけばいいのでしょうか。私は、介護を前向きに考え、仕事と両立させていくには、**図10**の4つのポイントが重要だと考えています。

情報収集とコミュニケーション

1つめは、事前準備と情報収集です。介護の問題から目を逸らしたいのは、当事者である親も同じこと。だからこそ、子ども世代が自分や配偶者の親を介護することを現実的に想定し、率先して最新の情報を収集すべきなのです。介護に対峙する前に知るべき最低限の情報は、この本にひととおりまとめてあります。

2つめは、親とのコミュニケーションです。少し話題にしにくい介護というテーマも、まだ親が元気なうちに話し合うことによって、ぐっとハードルが下がります。会話のきっかけとしても、この本を存分に活用してください。ここでは、皆さんがこの本を通じて情報収集をしておくことが効いてきます。会話のなかで「私は施設に入るからあなたに迷惑はかけないわよ」と言われたとしても、正しい情報があれば、「それは難しいかもよ」と現状を伝えた上で、「い

介護が誰の身にも降りかかってくることであれば、それを想定し、前向きに対処していく心構えをもっておきたいもの。そして、必要な情報を収集し、関係者のあいだでのコミュニケーションを密にしましょう。まだ親が元気なうちから取り組むべきことがあります。

図11 介護に対する危機意識をはかるチェックシート

- □ どちらかの親の年齢が65歳以上である
- □ 最後に親と連絡を取ったのは1カ月以上前である
- □ 親が親しくしている近所の友人を知らない
- □ 親のかかりつけの医師を知らない
- □ 最近の親の体調について知らない
- □ 親と介護に関する話をしたことがない
- □ 親が資産をどのように管理しているのかを知らない
- □ 介護をすることになったら仕事との両立が不安だ

2つ以上チェックがついたら要注意!

ざというときどうするのか」について一歩踏み込んだ体制づくりや役割分担を話し合って整理し、家族間で共有することができるでしょう。

長期間、無理せずに対処できる体制を

ポイントの3つめは、介護は1人で抱え込まず、さらには家族だけでも抱え込まない、という意識の共有です。前述のとおり、介護は平均4年以上かかる長丁場ですから、継続できる体制を築くことが重要です。その意味でさまざまな外部サービスに委ねられるところは委ね、肉体的・精神的負担を軽くすることが大切です。また、外部サービスを使い続けるためにも、経済的基盤を失わない、つまり仕事を辞めない、ということが非常に重要です。「よい介護体験」を語ってくださる方は、仕事を経済的基盤の確保と同時によい息抜きの場として活用し、心のバランスを保っているケースが多く、仕事を辞めた方は後悔していることが多いようです。

4つめは、働き方そのものを見直すことです。前ページで確認したとおり、長時間労働のままでは介護時間を確保できません。たとえ企業の制度や介護保険のしくみが整っていても、本当に介護と仕事を両立させるためには、効率的に仕事をして、短時間でしっかりアウトプットを出せる働き方に自分自身を改革していくことが欠かせません。また、同時に所属チームや職場全体に働きかけ、職場の誰もが時間制約をもちながらでも活躍できる環境づくりをしていくことも大切です。

介護の危機意識をチェック

では、ここで皆さんの介護に対する意識と理解度を把握しておきましょう。**図11**の設問を見て、該当すればチェックを入れてください。いかがでしょうか？　ここで2つ以上チェックがついた人は要注意です。早めに親や家族との話し合いをはじめましょう。

自分の場合を考えてみよう

「家系図シート」で見える化される介護にかかわる可能性

図12 家系図シート

家系図シートを使って、あなたの両親や親戚が介護になった場合に
あなたが介護にかかわる可能性を「見える化」しましょう。

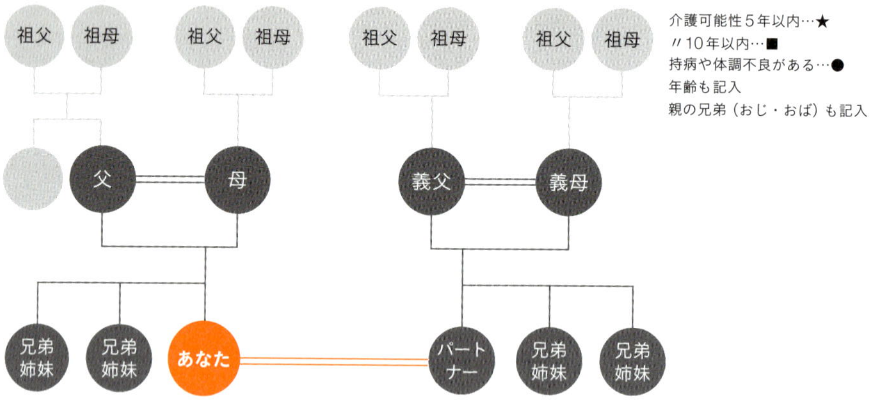

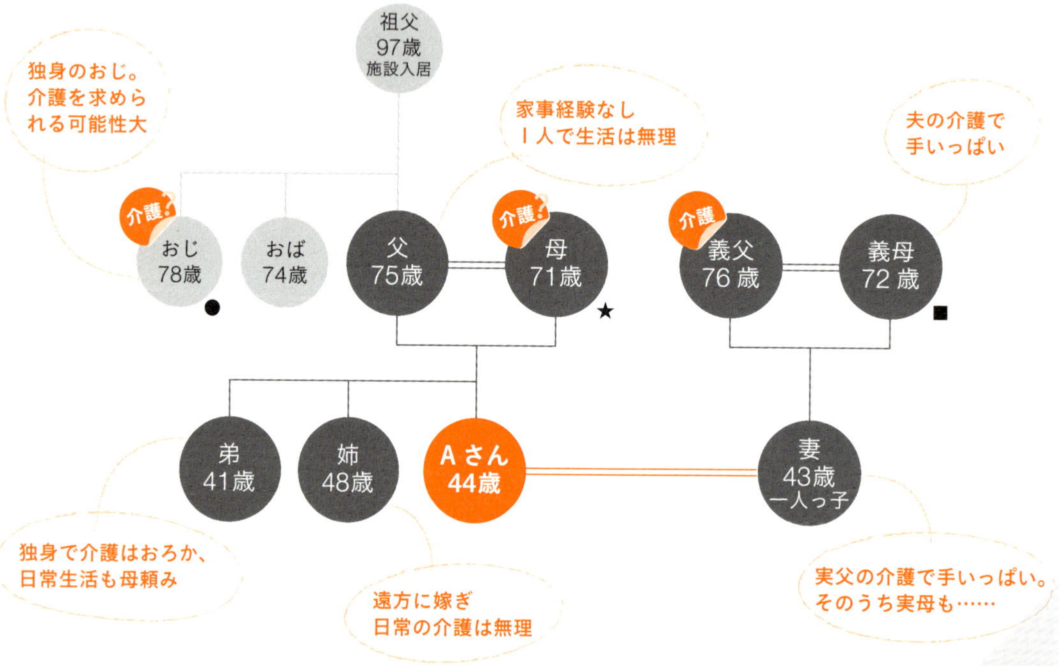

巻末にワークシートがあります

**「本当に自分が介護にかかわる可能性なんてあるの？」
まだそうした疑問が残るのであれば、ぜひ「家系図シート」をつくってください。
両親、義理の親のほかにも介護を担う可能性のある人がいたり、
頼りにしようと思っていた兄弟姉妹が思うようにかかわれないことが見えたりします。
この作業で介護がぐっと「自分ごと」になるはずです。**

介護の可能性は広範囲に渡る

これまで、「介護は誰の身にも降りかかる問題」と述べてきましたが、それでも心の底では「まだ大丈夫なはず」という気持ちがあるものです。ここでは介護の可能性を可視化してみましょう。**図12**の「家系図シート」を使って自分と配偶者を中心に、生存する親とおじおば、祖父母を記入します。そして、各人の年齢および持病や体調などをわかる範囲で書いていきます。すると、自分が介護を担う可能性がある人が浮かび上がってきます。巻末74ページに皆さん用のシートを用意したのでやってみてください。

家族の状況を明らかにする

図12下の家系図シートは、私のセミナーに参加された、ある企業の44歳の管理職の方が作成してくださったものです。ここでは、仮にAさんとさせてもらいましょう。

Aさんには71歳の母親がいます。母親は以前から持病があり、Aさんにとって「身近でもっとも要介護に至る可能性の高い人」だと言います。父親は体調に問題はありませんが、家事を担ったことがなく、母親に介護が必要となっても任せることは難しく、さらには母親が倒れることで父親の身の回りの世話なども必要になりそうです。Aさんには48歳の姉と41歳の弟がいますが、姉は遠方に嫁いでおり、日常的な介護は担えないでしょう。独身の弟は両親と同居していますが、家事や食事の用意などは母親に頼りっぱなしで、こちらも介護どころか、母親と共倒れの懸念があるそうです。必然的に長男のAさんが介護の主体者になることが想像されますが、ではAさんの妻に頼れるかといえば、共働きの妻は一人っ子であり、既に自分の実父の介護を実母と分担して担当しています。「既にぎりぎりのところで頑張っている妻に、これ以上の負担はかけられない」とAさんは言います。

2人以上の介護をする可能性も

さらに、この家系図シートから見えたのは、父方のおじの存在です。78歳で持病があり、独身で子どものいないおじが介護状態となった場合には近所に住むAさんがその役割を求められる可能性が高いことが見えてきました。「両親と義理の両親の介護までは想定していても、おじおばの存在は考えていなかった」とAさん。「誰かの介護をするかもしれない」どころではなく、自分だけで2人以上の介護をする可能性がある、という状況を前に、Aさんは強いショックを受けたようでした。

「はじめに」で述べたように、私自身も2年前に親族の介護に直面しました。私は6年前から介護と仕事の両立について講演やコンサルティングでお話をしてきたにもかかわらず、いざ自分のこととなると本当に慌てました。親族のお見舞いや入退院の対応までは事前に想像できましたが、入院した本人だけでなく、その家族の食事や身の回りの世話が必要になることは、それまではまったく想像していなかった部分でした。

この家系図シートは、そんな私の経験がきっかけとなって生まれたものです。少し離れた親戚も含め、家族の状況を可視化することで、働く自分と家族が「いざ介護」という状況になったときのことをリアルに想像できるはずです。

「介護度」によって異なる給付額

介護サービス利用の基本となる介護保険のしくみを理解する

図13 介護保険申請の流れとサービス

相談	申請	調査	審査・判定
●地域包括支援センター ●市区町村の介護保険担当窓口 ●電話相談 ・高齢者総合相談センター（シルバー110番） ●介護支え合い電話相談 ●民生委員 のいずれかに相談	●市区町村の介護保険窓口もしくは地域包括支援センター **申請に必要なもの** ●申請書 （市区町村窓口や地域包括支援センターでもらう、もしくは市区町村サイトからダウンロード） ●主治医の情報 （申請書に記入した主治医に役所から「意見書」の記入依頼がいく） ●介護保険証 （第2号被保険者は健康保険証） ・印鑑	●市区町村職員（もしくは受託先職員）による訪問調査 **調査内容** ●職員が本人および家族から下記について聞き取る。 ・心身の状態 ・体の動き ・意思伝達 ・物忘れ ・既往症 など ●事前に伝えたい内容を整理しておくことが望ましい。 ※写真や動画なども説明に活用できる。	●審査・判定のフロー コンピュータによる1次判定 ↓　＜ 主治医意見書 ・介護認定審査会による2次判定 ※保健、医療、福祉の専門家で構成される。

介護を地域や社会全体で支えあう

介護保険は、原則として40歳以上のすべての国民が加入する制度です。65歳になると「介護保険被保険者証」が送付され、要支援・要介護と認定された場合に所定の介護保険サービスを受けることができます。「保険」といっても現金が給付されるのではなく、介護サービスを一定の自己負担額で受けられる、という内容です。

介護サービスは「居宅（在宅）サービス」「施設サービス」「地域密着型サービス」に分かれ、それぞれ「予防給付」（「要支援」向け）「介護給付」（「要介護」向け）に分けられます。サービスの利用料は「単位」として決められ、1単位は種類や地域によって10～11.05円で換算。基本的に9割が保険で負担され、残りの1割と月次限度額を超える部分が自己負担となります。介護保険は**図13**の流れで利用します。

いざ要介護状態となると、自宅に手すりを付けたり、介護サービスや介護施設を利用するなど、何かと費用がかかります。そのような介護関連の費用を軽減するのが介護保険です。
40歳以上の方であれば、ご自身も加入者となっているはずです。
ここで、介護保険の大まかなしくみを理解しておきましょう。
ただ、制度は数年に一度改正されるため、概要だけを押さえておけばよいでしょう。

判定結果	要介護認定区分	ケアプラン作成	介護サービス利用
介護が必要（要支援2段階、要介護5段階）	**介護保険の給付が受けられる**		
	要支援1 **要支援2**	**地域包括支援センターの保健師等が支援（介護予防）ケアプラン作成**	**介護予防サービスを利用** ・居宅（在宅）サービス ・地域密着型サービス
	要介護1 **要介護2** **要介護3** **要介護4** **要介護5**	**居宅介護支援事業所に所属、もしくは単独開業のケアマネジャーがケアプラン作成**	**介護サービスを利用** ・居宅（在宅）サービス ・施設サービス ・地域密着型サービス
介護は不要（非該当＝自立）	**介護保険の給付は受けられない**		
	健常高齢者	ケアプランは作成しない	自治体が行う高齢者サービスなどを利用
	特定（虚弱）高齢者 （健康診査の結果、要支援・要介護になる可能性が高いと判断された高齢者）	地域包括支援センターの保健師が運動、栄養改善等の簡易介護予防プランを作成	地域包括支援センターを通じて介護予防プログラムなどに参加

※2012年3月末時点の内容

訪問系・通所系・居宅系・施設系……

要介護度と介護ニーズを見定めて最適な介護サービスを選ぶ

通って利用する

通所介護（デイサービス）

【要支援】介護予防のための日常生活上の支援や運動による機能向上訓練を受ける。

【要介護】ほかの利用者とともに食事や入浴など日常生活上の支援を受けたり、レクリエーションを行ったりする。

通所リハビリテーション（デイケア）

【要支援】介護予防のための日常生活上の支援や専門家によるリハビリテーションを受ける。

【要介護】日帰りで医療機関や老人保健施設に通い、食事・入浴などの日常生活上の支援や、理学療法士・作業療法士などによるリハビリテーションを受ける。

プロが訪問する

訪問介護（ホームヘルプ）

【要支援】ホームヘルパーが訪問し、自宅で介護予防のための日常生活上の支援を受ける。

【要介護】ホームヘルパーが訪問し、自宅で食事、入浴、排泄などの身体介護や調理、掃除などの生活援助を受ける。通院などの付き添い・介護タクシーも利用可能。

訪問入浴介護

【要支援】自宅で介護予防のための入浴サービスを受ける。

【要介護】ホームヘルパーや看護師が自宅を訪問し、入浴設備や簡易浴槽を備えた移動入浴車による入浴介助などを受ける。

訪問看護

【要支援】主治医の指示に基づき、訪問看護ステーションや医療機関の看護師などが自宅を訪問し、介護予防のための療養上の世話や診療補助を行う。

【要介護】主治医の指示に基づき、訪問看護ステーションや医療機関の看護師などが自宅を訪問し、療養上の世話や診療補助を行う。

訪問リハビリテーション

【要支援】主治医の指示に基づき、理学療法士や作業療法士、言語聴覚士が自宅を訪問し、介護予防のためのリハビリテーションを行う。

【要介護】主治医の指示に基づき、理学療法士や作業療法士、言語聴覚士が自宅を訪問し、リハビリテーションを行う。

居宅療養管理指導

【要支援】自宅で介護予防のための療養上の管理や指導を行う。

【要介護】医師、歯科医、薬剤師、管理栄養士などが自宅を訪問し、療養上の管理や指導を行う。

ケアプラン作成は必須

介護保険制度では、要支援1・2の人は介護予防サービスが、要介護１～５の人は介護サービスがそれぞれ利用できます。これらのサービスを利用するには、介護サービス計画（ケアプラン）を作成する必要があります。ケアプランというのは、利用者の状況を評価した上で作成される、1週間～1カ月ごとの「介護サービスのスケジュール表」のこと。プラン作成の手続きは、「要支援」の場合は居住地区の地域包括支援センターに、「要介護」の場合はケアマネジャー

**介護保険制度では、どういった介護サービスが利用できるのでしょうか。
おおまかに、「通って利用する」「プロが訪問する」「自宅の設備を整える」
「短期間入所する」「介護施設に入所する」「地域密着型」に分かれます。
介護の状態に合わせて、プロと相談しながら最適なサービスを選ぶことになります。**

自宅の設備を整える

福祉用具貸与

【要支援】 歩行器、手すりなど、福祉用具のうち、介護予防に役立つものを借りる。

【要介護】 特殊寝台など日常生活の自立を助ける用具や機能訓練に用いるための福祉用具を借りる。

福祉用具購入費の支給

【要支援】 介護予防福祉用具の購入費を支給。

【要介護】 入浴や排泄など、貸与に向かない福祉用具の購入費を支給。

住宅改修費の支給

【要介護】【要支援】 手すりの設置や段差解消などの住宅改修を行う場合、20万円まで費用が支給される。事前に申請しなければ支給は受けられないので注意。

短期間入所する

短期入所生活・療養介護（ショートステイ）

【要支援】 介護予防のためのケアを受ける。

【要介護】 医療・福祉施設に短期間入所して、日常生活上の支援や機能訓練、もしくは医療上のケアを受ける。

在宅に近い住環境での支援

特定施設入居者生活介護

【要支援】 介護予防のため日常生活上で必要な介護や機能訓練などを受ける。

【要介護】 指定を受けた有料老人ホームなどに入居している人が、日常生活上で必要な介護や機能訓練などを受ける。

介護施設に入所する

施設サービス

【要介護】 生活全般での介護が必要な人の介護老人福祉施設（特別養護老人ホーム）、在宅復帰を目指してリハビリを受けたい人の介護老人福祉施設（老人保健施設）、病院での長期的な療養が必要な人の介護療養型医療施設などがある。

地域密着型

住み慣れた場所での生活を続けるために、地域ごとに設けられた拠点で受けられる介護サービス。

小規模多機能型居宅介護

【要支援】【要介護】 事業所に通うことを中心に、利用者および家族の状態や希望に応じて随時自宅への訪問や事業所での宿泊などを組み合わせ、入浴、排泄、食事などの介護や機能訓練を受ける。

認知症対応型共同生活介護（グループホーム）

【要支援】【要介護】 認知症の人が家庭的な雰囲気の中、少人数で共同生活しながら介護や機能訓練などを受ける（要支援1の人は利用不可）

認知症対応型通所介護

【要支援】【要介護】 認知症の人が日帰りでデイサービスなどに通い、機能訓練などを受ける。

夜間対応型訪問介護

【要介護】 夜間、定期巡回の訪問介護サービスや、利用者の求めに応じた随時訪問サービスなどを受ける。

※2012年4月から地域密着型サービスに24時間型訪問介護・看護が追加される見込み。

に依頼します。「要介護認定」と「ケアプランの作成」によって、介護保険が利用できるようになります。もちろん、単に「家事を手伝ってほしい」「介助をしてほしい」ということであれば、介護保険を使わずに全額自己負担でそうしたサービスを利用することもできます。

介護度や医療の必要性で選ぶ

「介護施設」の種類は複雑多岐 法的位置づけと特徴を知っておく

介護保険で定められた「介護施設」は3つだけ

01 特別養護老人ホーム

略して「特養」と呼ばれます。身体上または精神上に著しい障害があり、常時介護が必要な高齢者が多く入居し、「終の棲家」となることも多い施設です。要介護1～5に認定されることが入居の条件ですが、施設によっては軽い介護度での入居は難しいかもしれません。

入所者選定は公的な基準に基づき施設が行いますが、前述のように入所待機者が多数いるため、入所まで数年待たなければならない施設も多くあります。

入居時の費用は不要で、月額費用は平均5～8万円（居住費、家賃、食費、オムツ代などの雑費）および介護サービス費（介護保険費用の1割負担分。入居者の要介護度と世帯収入で異なる）がかかります。部屋は個室の場合が多くなります。「施設介護サービス計画」に基づき、入浴、排泄、食事などの介護、日常生活上の世話機能訓練、健康管理および療養上のサービスが提供されます。

02 介護老人保健施設

病院と自宅の中間的な施設です。入院している高齢者が退院できる状態になっても障害が残っているためにすぐに自宅に戻るのは不安といった場合に、数週間から数カ月間入所してリハビリなどを行います。略して「老健」と呼ばれます。

特養と比べると、医師や看護師、リハビリスタッフなどが多く配置されています。そのため、特養よりも利用料金は多少高くなることが多いようです。

入居時の費用は不要で、月額費用は平均7～10万円（居住費、家賃、食費、オムツ代などの雑費）および介護サービス費（介護保険費用の1割負担分。入居者の要介護度により異なる）。「施設サービス計画」に基づき、在宅生活に復帰するために、入浴、排泄、食事などの介助およびリハビリ、機能訓練、健康管理、医療などのサービスが提供されます。

03 介護療養型医療施設

慢性疾患など、療養が必要な要介護高齢者のための施設であり、特養や老健よりも医療や看護に重点を置いたサービスを提供します。介護保険が適用される施設（長期的には老健などへの一本化が検討されている状況）と、医療保険が適用される施設の2種類があります。

入居時の費用は不要で、月額費用は平均9～17万円（居住費・家賃、食費、オムツ代などの雑費）、介護サービス費（介護保険費用の1割負担分）および特定診療費（介護保険費用の1割負担分。いずれも入居者の要介護度により異なる）。通常の介護に加えて、医療処置やリハビリテーションを受けることができます。

現実には医療や看護の緊急度の低い入居者も多く、他の介護施設と差がないため、介護型の施設については順次廃止される方針です。

巻末にワークシートがあります

在宅での介護が困難な場合や、介護度が進んでプロのケアが必要になった場合は、介護や見守りサービスが受けられる施設や高齢者住宅へ入居することになります。こうした施設には、機能や特徴によってさまざまな種類があります。人生の大事なステージの住まいとなるので入念に選ぶことが大切です。

04 認知症対応型共同生活介護（グループホーム）

認知症の高齢者を対象にした小規模施設。家庭的な環境のなか、少数の入居者がスタッフの支援を受けながら家事などの役割をもち、地域社会に溶け込みながら生活することにより、効果的な認知症ケアを行うことを目的とします。

対象者は、要支援２以上の認知症の高齢者で、共同生活ができる状態であること。かつ、地域密着型サービスの１つなので住民票が施設所在地と同地域にあることが条件です。入居時の費用はゼロ～100万円程度と差があり、月額費用は平均15～20万円（居住費、家賃、食費、オムツ代などの雑費）、介護サービス費（介護保険費用の１割負担分）および特定診療費（介護保険費用の１割負担分。入居者の要介護度や施設により異なる）。認知症の症状悪化で共同生活が困難になったり、入院期間が長くなると退去する必要が出る場合があります。

05 有料老人ホーム

有料老人ホームは以下の３つに大別されます。介護の必要がない人を対象とした「健康型」、外部の介護サービスを契約して利用する「住宅型」、介護サービス・スタッフを抱える「介護付」です。それぞれの施設によって、介護サービスの有無や内容、入居・退去の条件が異なります。入居時の費用もゼロ～数億円までとさまざま。最近では数百万円と相対的には手軽な入居金を設定する施設が増えてきています。入居後は居住費・家賃、食費、オムツ代、介護サービスを利用すればその費用（介護保険費用の１割負担分。入居者の要介護度や施設により異なる）などの費用がかかり、この合計が月額10～30万円台となることが中心です。「施設サービス計画」に基づき、入浴、排泄、食事などの介助、日常生活上の世話、機能訓練、健康管理および療養上の世話などのほか、居室の清掃、洗濯、金銭管理、ゴミ収集などの生活支援サービスが提供されます。

施設は千差万別、じっくり検討を

「介護施設」と呼ばれるものには多数の種類があります。介護保険で定められた介護施設は「特別養護老人ホーム」「介護老人保健施設」「介護療養型医療施設」の３つ、その他の施設は一般の賃貸住宅や分譲住宅に介護サービスを付随させたもの、という位置づけです。このあたりの制度は複雑かつよく変更されるので、深くまで知る必要はないと思いますが、施設によって設備・サービス、利用料金に大きな差があることは心に留めておきましょう。入居を検討するときは、その施設の法的枠組み、住宅の機能やサービス内容、入居時や入居後に必要となる費用、退去基準などをきちんと把握し、利用者の状態や希望と合っているかを評価し、実際に見学して確認した上で決める必要があります。可能なら「体験入居」もした方がよいでしょう。

※このほか、バリアフリー構造等を有し、介護・医療などと連携して入居者支援サービスを提供する「サービス付き高齢者向け住宅」もあります（40ページで紹介）。

認知症の基本を知る

誤解される部分の多い「認知症」講座で最新の知識を仕入れる

図14 **認知症とは何か**

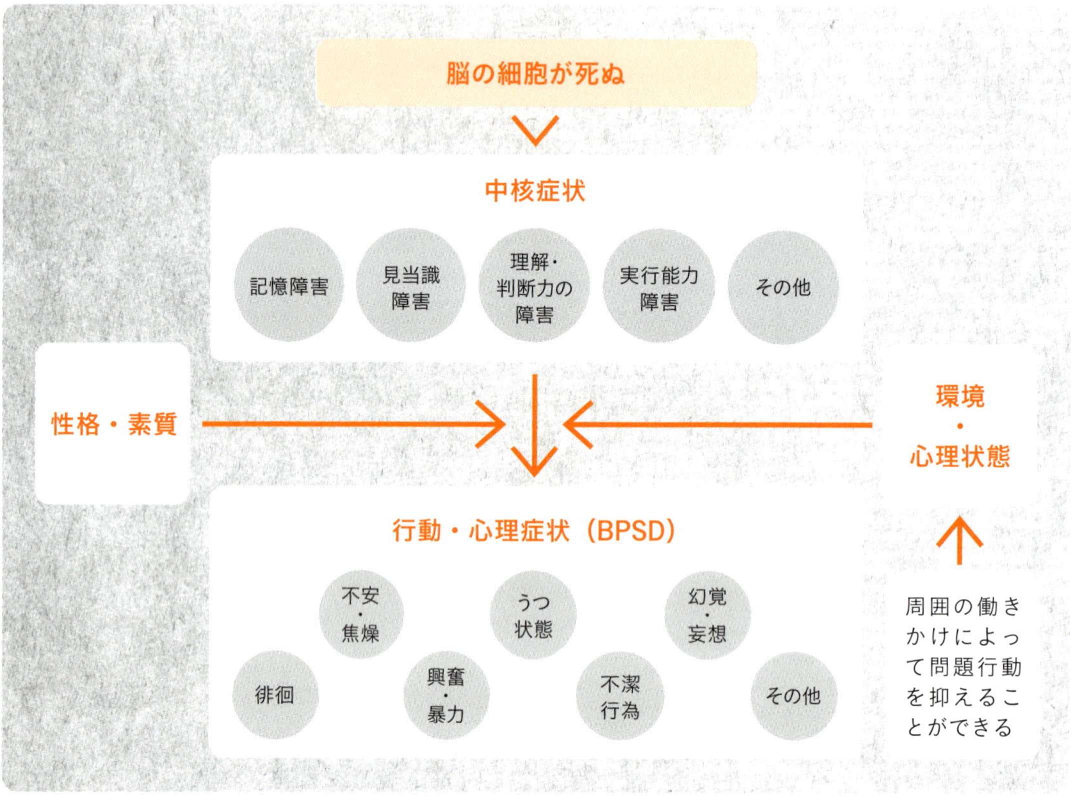

認知症サポーター養成講座テキストを基に筆者作成

認知症の基本知識をもつ

人間誰しも「老い」は訪れます。さまざまな病気にもかかりやすくなりますが、どの世代でも不安が強いのが「認知症」に対するもので、ここは誤解されていることも多いように感じます。**図14**のように、認知症はさまざまな原因から脳の細胞が死んだり働きが悪くなったりしたために、障害が出ている状況の全般を指します。脳の機能が低下するために、周囲の状況が正しく認識できなくなり、生活上の問題が起こることもあります。

最も一般的なのが、新しいことを覚えられなかったりものを置き忘れたりするという「記憶障害」です。時間感覚や季節感が薄れる、迷子になる、理解力・判断力・計画力が落ちるなどの症状もよく見られます。本人にも「以前できていたことができない」「ものごとを覚えていられない」という自覚はあるので、焦ったり不安になったりします。この不安感から「ものを盗まれた」といって誰かを疑ったり、既にないはずの実家に帰る、と言って周囲を慌てさせた

介護の問題と切り離せないのが「認知症」。はっきりとした治療法が確立されていないものであることは事実ですが、周囲の人の正しい知識と対応によって、症状の出方を和らげたり、日常生活を続けたりすることができます。認知症の正しい知識を啓蒙する活動である「認知症サポーター養成講座」は皆さんのお住まいの地域でも定期的に開催されています。

り、といった言動が起きます。

認知症サポーター養成講座を受ける

私の会社では、「認知症サポーター養成講座」を社員全員で受講しています。この講座は、認知症の正しい知識を得るために、政府・自治体・ＮＰＯ・介護事業者などが連携して定期的に開催するもので、企業などの組織単位での受講も多く、受講者は既に300万人を突破しました。

私は介護の現場で認知症によって暴力・暴言・徘徊といった症状の出ている方を目にしたとき、まずは「怖い」という感情が先立ちました。「以前はおだやかだった」と聞けば、「こんなに性格が変わってしまうのか」とショックを受けました。しかし、講座の講師の方の「認知症の方は、現実への対応ができずに“困っている”んです」という言葉にハッとしました。また、介護の現場でスタッフの熱心な働きかけで、暴力や暴言が出ていた方が次第に落ち着きを取り戻していく様子を見たことも考えを改めるきっかけとなりました。認知症の方に対応するためには、以下の２つがポイントだと感じます。

①共感的に接する

言動を否定せず、共感的に接する。「財布を盗まれた」と言う人には「それは困りましたね。一緒に探しましょう」と返します。

②密接なコミュニケーションをとる

コミュニケーションを増やし、優しく接するよう配慮します。周囲の人が、「自分に関心を持ち、気にかけてくれている」と感じることで不安感や孤独感が和らぎます。

上記のように、認知症の方とのコミュニケーションは時間と気持ちのゆとりが大切です。

認知症サポーター養成講座の資料と受講認定となる「オレンジリング」

「正しく理解してもらう」ことよりも、相手を理解しようとする気持ちや、優しく接する態度がより重要なのです。私も、認知症の方にふだん仕事をしているときのような早い口調で話し、相手に不安を与えてしまったことがありました。ゆったりとした気持ちで相手に対峙するためにも、自分自身に気持ちのゆとりをもつことが必要です。

次ページでは、もう少し詳しく、認知症に対応するときの注意点を考えてみましょう。

認知症の基本を知る

早期発見と対応に何ができるか段階ごとのケアポイントを知る

図15 認知症の段階別やることリスト

見守りを習慣化 → **早期発見** →

「閉じこもり」は病気発症と紙一重の関係。
「元気だから」と安心せずに外出や適度な刺激を受ける機会をつくるように働きかける。
転居や環境変化が発症につながることも多い。本人の希望を第一に、同居や施設入居を強制しないようにし、周囲の見守りや家族の働きかけを習慣化しておく。

「料理、掃除などの家事や趣味を楽しまなくなった」「出歩くことを億劫がる」などは注意サイン。不安があれば早期相談や受診を促す。
本人ができることを奪わないようにし、配食サービスや家事サービスなども使いすぎないようにする。

子ども世代が知っておきたいこと

認知症について、子ども世代が知っておくべきことは何でしょうか？

まずは、早期発見の大切さです。早期発見で症状が似ているほかの病気を発見したり、症状の進行を遅らせたりすることができます。「いつも何かを探している」「ずっとしていた家事や趣味をしなくなった」といったことは注意信号。認知症の症状はゆるやかに進行していくことが多く、その変化は同居している人では気づかないこともあります。たまに会う親戚や友人、近所の人などに変化の兆しを読み取ってもらうことが大切です。不安に思うことが重なれば医療機関を受診しましょう。

認知症という診断が下れば、本人も家族もショックを受けることでしょう。ここでは、まずは子ども世代が中心となって、認知症の正しい知識を深めましょう。認知症は「クスリを飲めば治る」といった単純なものではありません。「認知症の新薬が登場した」といったニュースが流れると、「そのクスリを飲めばたちどころに治る」かのように感じますが、認知症の原因はさまざまであってその治療法も多岐に渡ります。今あるクスリは認知症からくる症状を緩和するものであって、根本的に「治す」ものではないことが多いのです。クスリには副作用もありますから、そうした情報も入手しておきましょう。

認知症になったからといって、本人を病人扱いすることも禁物です。「○○しちゃダメ！」といったように高圧的に接したり、子どものように扱ったりすることは、本人の尊厳を傷つけます。「もの忘れ」で困っているなら電話をして確認する、買い物が不安ならば付き添うなどの手段を整えることで、大きな支障なく生活できる場合も多くあります。「大変だろうから」

**認知症はメディアなどで取り上げられることも多く、一般の方にも馴染みがある反面で、誤解から過度にこわがられていることも多いように感じます。
周囲が、人間の自然な老いのかたちと受け止め、きちんとした知識をもって支えることで、その人らしく生活を続けることができます。**

→ **情報収集**

病院で病名がついたら、周囲が積極的な情報収集を。特に認知症は周囲の環境が症状の進行に大きく影響する。医者任せにせず、最新情報や事例を集め、方針を立てる。

- 医療関係機関の受診
- 地域包括支援センターへの相談
- 介護保険の申請を検討

→ **チームづくり**

信頼できる医療関係者・介護関係者を見つけ、本人・家族・地域の人をまじえた「チーム」をつくる。チームを率いるリーダーについても合意しておく。

と家を改築したり、呼び寄せたり、施設に入れたりといった環境の変化によって症状が進んでしまう場合もあります。専門家の意見を聞き、本人の性格や症状を考えた上で、総合的に判断することが大切です。

私がボランティアをしていたデイサービスでは利用者の方に合わせた「役割」を用意していました。果物の皮むきが得意な方には皮むき係、編み物の得意な方には編み物係、といった具合です。「火や包丁は危険だから」と認知症の方から遠ざけがちな料理についても、スタッフの入念なサポートのもとで積極的に取り組んでいました。人間は集団のなかでの役割があることで、生きる張りあいや尊厳を保てるものです。帰り際に「今日もいろいろと頼んでしまってすみません」とスタッフが声をかけると、利用者は嬉しそうに「もう、まいっちゃうけど、またくるわ」と満足げに帰って行きます。

「ケアしてもらっている」のではなくて、「役に立っている」という意識をもってもらう、認知症のケアは難しいものですが、こうした基本的な視点を失わず、人間対人間のコミュニケーションを保つことが基本になると感じます。

そして、あとから触れるように、介護の「チーム」をつくります。認知症は徘徊や暴力などの症状を伴うこともありますから、家族も介護を抱え込まないよう、医療・介護関係者や自治体・福祉関係者と一緒に介護に取り組む態勢を整えます。

認知症からくる症状は、本人の性格・素質と周囲の環境・心理状態が影響します。前者は変えにくいものですが、後者は家族や周囲の働きかけで変えることができます。認知症を理解し、受け入れる家族と社会の態勢づくりによって、認知症になっても自分らしい生活を続けられる人が増えるはずです。

介護サービスの新しい流れ

「サービス付き高齢者向け住宅」「地域包括ケアシステム」とは

サービス付き高齢者向け住宅の登録基準

便所・
洗面設備等の
設置

バリアフリーで
あること

サービス

既定のサービスを
提供すること
（少なくとも
安否確認・生活相談
サービスを提供）

住宅

一定の床面積で
あること
（原則 25㎡以上）

契約

高齢者の居住の安定が
図られた契約であること。
前払家賃等の返還ルール
及び保全措置が
講じられていること

「サービス付き高齢者向け住宅」（通称サ高住）とは、2011年10月から本格スタートした高齢者向けの住宅制度。高齢者住まい法の改正を受け、従来の「高齢者円滑入居賃貸住宅（高円賃）」、「高齢者専用賃貸住宅（高専賃）」、「高齢者向け優良賃貸住宅（高優賃）」という３つに分けられていた制度を廃止し、「サ高住」に一本化されました。サ高住は前述の「介護保険で定められた介護施設」ではありません。設置には床面積、バリアフリーなどハード面と安否確認や生活相談などのサービス付加が義務付けられていますが、それ以上の介護サービスをどのように備えるかは事業者の判断に委ねられています。

一人暮らしの高齢者世帯の孤立を防ぐ目的で政府が補助金を出して供給を呼びかけており、建設・住宅業界をはじめとする異業種からの参入が相次いでいます。介護部分のサービスについても自前でサービスを開始するケース、介護事業者と連携して行うケースなどさまざまで、その質を担保するための基準も整っていないのが現状です。入居を検討する場合は、ハード面だけでなく、介護サービスの内容や事業者、退去の基準などを見て慎重に選ぶ必要がありそうです。

地域包括ケアシステムとは

2006年の介護保険制度改正に伴って導入されたのが、「地域密着型サービス」です。これは都道府県知事の指定（許可）を受ける介護保険施設とは異なり、市町村ごとにサービス提供事業者を指定するもので、利用者も原則として住民票を置く市区町村の施設に入居します。住み慣れた自宅や地域で生活するための柔軟なサービスを揃える、と

高齢化社会が進展するなか、介護サービスにも新しい動きが出ています。既に運用がはじまった「サービス付き高齢者向け住宅」と2012年の介護保険法改正で打ち出された「地域包括ケアシステム」。また、従来からの介護サービスのなかにも、NPOや一般の方が事業をはじめ、特色あるサービスを提供しようという動きがあります。こうした介護サービスの新たな動向についてまとめてご紹介します。

地域の施設でボランティアを

介護の情報を知るためにぜひお薦めしたいのが、「介護施設でボランティアをする」という方法です。

私は、東京・練馬にある「ケアプラン金のまり」というデイサービスの事業所でボランティアをさせていただきました。「金のまり」は大河内健一さんが、妻の両親の介護をきっかけに開所した施設です。他の施設で高齢者が「モノ扱い」されている現実に心を痛め、人間同士の関係づくりを大切にする施設をつくろうと自宅を開放して開所しました。池のある庭に面した緑豊かな家は温かな雰囲気。ここに15人ほどの利用者が通ってきて、6～7人のスタッフとともに散歩や調理、各種の活動をして日中を過ごします。私もボランティアをしているあいだに、認知症の方への接し方やコミュニケーション法など、多くの学びがありました。介護施設の多くは、人手不足に悩まされています。配膳や利用者向け講座の手伝いなど、誰にでもできる仕事も多くあります。こうした特色ある介護施設で活動することは介護の知識を深めるよい方法だと感じます。

いうのが特色です。地域密着型サービスは、少数の認知症高齢者が家庭のような環境で共同生活を送る「認知症対応型共同生活介護（グループホーム）」や通所介護・訪問介護や施設宿泊も利用できる「小規模多機能型居宅介護」「夜間対応型訪問介護」などがあります（35ページ参照）。

2012年の介護保険法改正では、この流れがさらに進められ、自治体と地域住民、ＮＰＯなどが連携して地域の介護を担うという「地域包括ケアシステム」という構想のもと、24時間型の訪問介護・看護サービスの展開が可能となる見込みです。ただ、採算をとることが難しい24時間型サービスに対しては慎重な事業者が多く、定着するかどうかは未知数の部分もあります。

国の大きな方針は、コストのかかる特養などの施設を増やさず、地域に根付いたサービスを推進していく、というものです。これからは居住する地域ごとに特色のあるサービスが増えてくる可能性もありますから、そうした視点からも、近隣の介護施設・サービスをチェックしてみましょう。

地域包括支援センター

介護になる前から知っておきたい 地域に根差した「介護のよろず相談所」

介護の専門家が相談に応じる

「地域包括支援センター」というものをご存知でしょうか？　ふだん普通に生活している限りは馴染みがない名前ですが、これは介護保険法で定められた「地域住民の保健・福祉・医療の向上、虐待防止、介護予防マネジメントなどを総合的に行う公的な機関」であり、各市町村が設置しているものです。皆さんやご両親が住んでいる自治体にも必ずあります。法律上は各市町村の事業ですが、外部への運営委託も認められているため、自治体直営のセンターと民間事業者・社会福祉法人・ＮＰＯなどが運営するセンターが混在しています。介護サービスの施設内にセンターがあれば、そこは事業者が自治体から運営を受託しているセンターだと考えられ

図16　地域包括支援センターとは

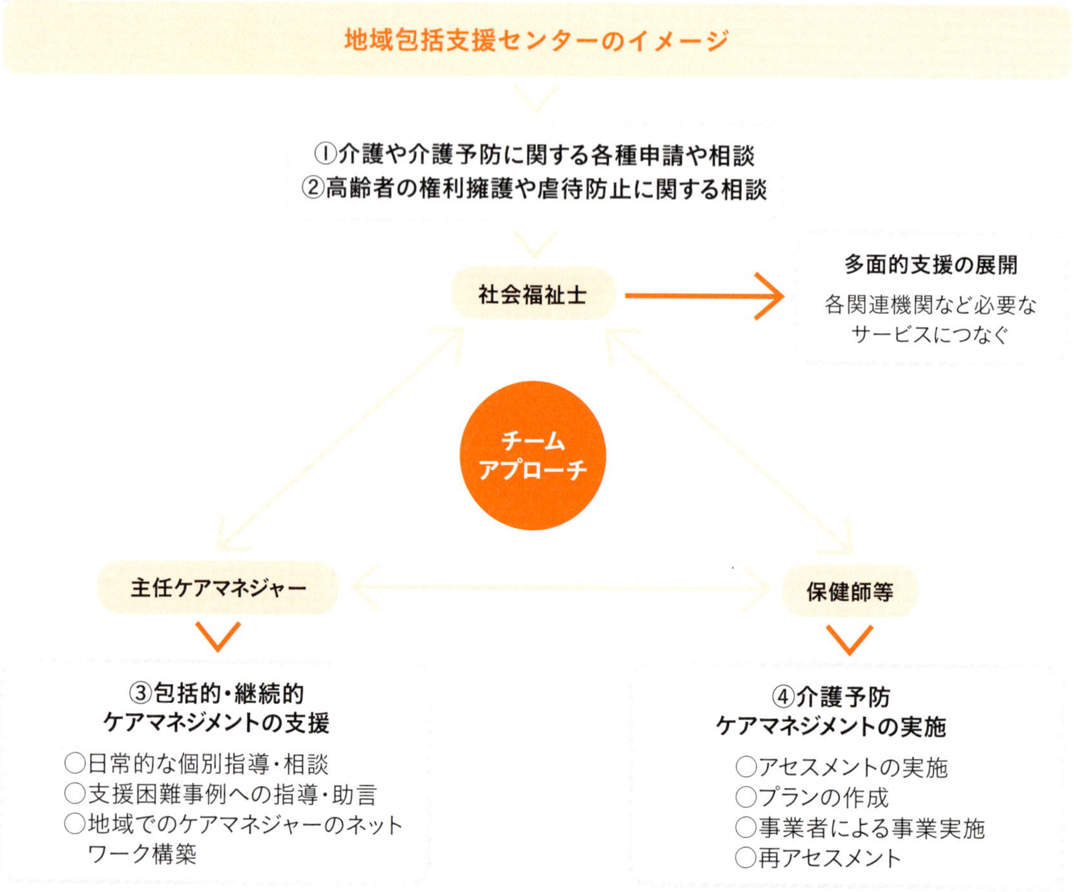

いざ介護となったら、何をどうすればいいのかわからない……。
そんな人にとってありがたい存在が「地域包括支援センター」。
2005年の改正介護保険法によって全国に設置が義務づけられたもので、
皆さんやご両親が暮らす地域にも必ずあります。
地域に根差した介護情報を得るために、一度足を運んでみるとよいでしょう。

るでしょう。
「地域包括支援センター」という名称と機能がわかりにくいため、「高齢者支援センター」など、別の通称を使って住民への浸透を図っている自治体もあります。

地域包括支援センターには、保健師、ケアマネジャー、社会福祉士といった専門スタッフが駐在しており、**図16**のとおり４つの機能を担っています。利用するセンターは居住地域によって決まっていることが多く、自治体のサイトなどで利用するセンターを確認しておきましょう。巻末76ページには、実際にセンターに行ったときのチェックやメモをするワークシートをつけています。早めに訪れ、相談できる専門家を見つけておけば心強いでしょう。

実際に地域包括支援センターに行ってみると

地域に合った情報を提供

では、実際に地域包括支援センターはどんな情報を提供してくれるのでしょうか。取材スタッフが一般の利用者として、東京都内にある地域包括支援センターを訪問してみました。
応対してくれたのは30代と思われる女性スタッフ。名刺には、「社会福祉士　主任介護支援専門員」という肩書きがあります。「83歳の父親に認知症がはじまったようで、対策を教えてほしい」と架空の設定での来意を告げると、父親の状況、生活環境、家族の状況などを尋ね、資料を見せながら介護保険制度や受けられる介護サービスをわかりやすく解説してくれます。一般的な介護知識を仕入れられるのはもちろん、地域に根差したサービスの利点を感じたのは、自宅と各施設の地理情報をすぐにつかんで実際に通える範囲の施設を案内してくれることや、各施設の特色や定員状況といった細かい情報までフォローしていることです。
さらに、介護保険の利用には、要支援・要介護認定が必要になりますが、それとは別に自治体が独自で行う支援策もあることを教えてくれました。複雑な双方の制度を一体化して案内してくれるため、どのような状態になればどのような補助を受けられるのか、実態に即した情報が得られました。

巻末にワークシートがあります

ケース① 残業削減の取り組みで介護との両立を実現

母親が認知症に。実兄と密接に連携し5カ月間の介護のあとに施設に入居

東京都内にある大手メーカー本社勤務のAさん（43歳・男性）は、20名弱の部下をもつ、商品開発部の部長です。2009年2月、Aさんの母親の認知症が明らかになりました。当時のAさんの家族構成は、妻と小学校4年生と1年生の子ども2人です。

Aさんのケース

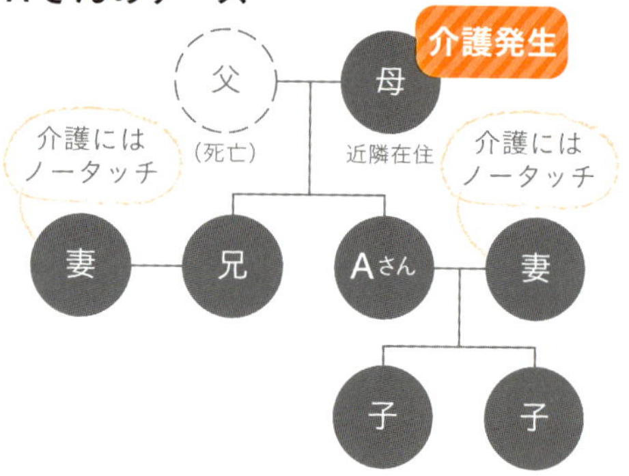

母親の言動がおかしい

「2008年の暮れあたりから、母親に認知症の兆候が現れはじめたんです」とAさん。当時74歳の母親は、2008年のはじめまでAさんの父親の介護をしていました。父親が亡くなったあとは一人暮らしとなり、実家が勤務先から近いAさんがちょくちょく寄っては母親の様子を見ていた、と言います。「自宅は会社から遠いこともあり、仕事で遅くなったときは実家に泊まらせてもらうこともありました」

そんなAさんは、次第に母親の異変を感じはじめます。すぐ意固地になる、一人暮らしなのにやたらとたくさんのものを買う、といった言動が目立ちはじめました。

ある日、Aさんが母親に付き添って買い物に出掛けた際、母親の郵便貯金口座からお金を下ろそうとすると、残高は「ゼロ」。

「15万円程度の年金が振り込まれたばかりのはずなのにおかしい、と母親に聞いてみると、数カ月前から全額を引き出しては家電や日用品などを思いつくままに買っていたことがわかりました。これはショックでしたね」

2009年2月、Aさん自身が虫垂炎になり、10日間入院しました。その後、母親の認知症の症状が顕著になります。退院後に実家を訪ねると、部屋には食料品や衣類、電化製品が隙間もないほどに積み上げられ、異様な光景となっていました。

「いよいよこれはまずい」とAさんは都内に住む兄と相談し、施設を探して入居までは兄弟が交代で様子を見ることを決めました。母親は長年自分の義母（Aさんの父方の祖母）の介護をしていたことから、常々「嫁の世話にはなりたくない」と言っており、Aさんの妻も兄嫁も介護にはノータッチとしました。

残業時間は月4、5時間に

Aさんの勤務先では、2007年から会社全体で残業削減に取り組んでおり、たまたまAさんの所属する部署がモデルチームに選ばれていました。そうした経緯から、Aさんは介護発生直後に職場とチームに事情を打ち明け、定時に仕事を切り上げて実家に通う態勢を整えました。職場側もすぐに理解してくれた、と言います。

「介護発生前に残業時間を減らすプロジェクトの

ここからは、実際の介護のケースを見ていきましょう。
最初は母親の介護を仕事と両立させながら乗り切った方のケースです。
この方は勤務先がワーク・ライフバランスに取り組んでいたことが幸いしました。
兄弟との連携や経済的基盤を確立しておくことの重要性、
職場の理解と早めの取り組みがポイントであることがわかります。

一環として、メール等での情報共有を徹底していたことが効きました」とAさんは言います（私はそのプロジェクトのコンサルティングをしており、ずっとAさんとチームの取り組みを見ていました）。それでも、限られた時間のなかで仕事をするのは本当に大変だったそうです。Aさんは兄が介護をする日に集中して仕事を片付けるなど、メリハリのある仕事のやり方を目指し、介護中は残業時間を月4、5時間にまで激減させました。部下に権限を委譲し、仕事の進捗報告をマメにしてもらうことで、さほど大きな問題はなく乗り切れた、と言います。

母親は、家事には大きな支障はない状態でしたが、火を扱うことは危険なので料理はさせないようにし、食事は宅配弁当を依頼、お金もAさん兄弟が管理することにしました。そして、Aさん兄弟は大急ぎで介護施設を調べることに。目星を付けた施設に週末などの空いた時間を使って見学に行きました。

ここで問題になったのが、母親に糖尿病の持病があったことです。施設が見つかっても「糖尿病を改善してから申し込んでください」と断られることが相次いだのです。「では先に糖尿病を治そう」と病院に入院しようとすると、今度は病院から「認知症の人は入院できません」と断られてしまいます。「どうすりゃいいんだ」とAさんは頭を抱えたそうです。認知症が悪化した母親から暴言を浴びせられることもしばしばで「ここがいちばん辛い時期でした」。

介護付有料老人ホームへ

認知症発症から3カ月後の5月、ようやく入院できる病院が見つかりました。管理の行き届いた入院生活で母親の糖尿病の症状は1週間ほどで改善。5月には実家からそう遠くない関東近郊に認知症の人も受け入れる介護付有料老人ホームが見つかりました。母親自身にはまとまった資産がなく、それまでの年金も使い果たしている状況だったため、有料老人ホームの入居金である500万円は兄が負担、Aさんは以後の月額費用である23万円と年金額の差額分を負担することにしました。6月、母親が施設に入居したことでAさんの介護生活は一段落し、以後は定期的に母親の見舞いに訪れる生活となりました。

「結果的に介護に集中してかかわったのは5カ月程度、ほかの方に比べればラクだったのだろうと思います。でも、それまで介護について真剣に考えたこともなかったので、当時はパニック。相談できる兄が東京にいて、それなりの貯蓄をもっていたこと、私の会社が残業削減を実践していたことが幸いしました。それらがなかったら今頃どうなっていたか」とAさんは言います。

Aさんのケースから読み取れる重要なポイントはいくつかあります。まず、経済的な基盤の大切さ。親に資産がなければ、介護の費用は子どもが負担せざるを得ないのが実情です。また、事前に介護施設に関する情報などを集めておいていれば、もう少し気持ちと時間にゆとりが生まれたことでしょう。

そして、会社単位で残業削減に取り組むことの大切さも読み取れることと思います。

ケース② 妻に任せ切りの結果、妻が「介護うつ」に

仕事を優先させた父親に子どもが突きつけた「何が大事なのか？」

自宅を改修して同居を開始

東京都内に本社のある大手損害保険会社に勤務していたBさん（51歳・男性）。都内近郊に妻、24歳の社会人の娘と暮らしていました。損保業界は競争が激しく、Bさんは営業所を統括する要職として激務をこなす日々。長年、朝早く家を出て深夜に帰宅する毎日でした。それまで、家庭や育児のことは専業主婦である妻にすべて任せてきました。Bさんは一人っ子であり、遠方に住む当時78歳の一人暮らしの母親が心配になり、自宅を改修し、呼び寄せて同居をはじめました。

Bさんのケース

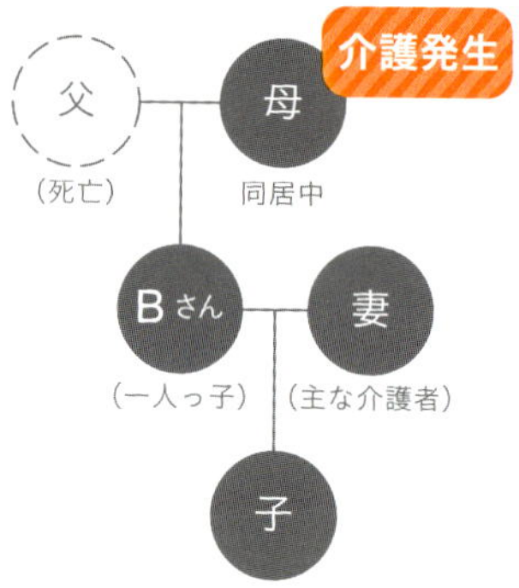

母親に認知症が発症

同居をはじめて2年が経った年の10月、帰宅したBさんは、妻から「お義母さんがおかしい」と相談されました。話を聞くと、同じことを何度も確認したり庭を掘り返したりしている、というのです。Bさんは認知症を疑い、妻に「病院に連れて行ってくれ」と頼みました。数日後、妻からの報告によると、「軽度の認知症」と診断されたとのこと。Bさんは「軽度であれば、たいしたことはないのだろう」と判断し、そのまま妻に対応を任せました。妻は心細いようでしたが、仕事に忙殺されていたBさんは「よろしく頼むよ」と言うしかありませんでした。

とはいえ、さすがに気になったBさんは、週末は母親の様子をなるべく観察するようにしましたが、当の母親は以前とあまり変わらないように見えます。妻は「お義母さんはあなたといるとシャキっとするのよ」と言いますが、Bさんは妻が少し大げさなのではないか、と思っていました。

認知症が進行するものの……

年末になると、母親は妻に対して暴言を言うなどの症状が出るようになりました。仕事中のBさんの携帯電話には、たびたび母親からの電話がかかってくるようになりました。「会議が多くて出られないので、電話はしないように目を配ってくれよ」とBさんは妻に言いました。管理職であるBさんは定時後に急に召集される会議も多く、帰宅は連日深夜のまま。平日に母親の介護を担う機会はほとんどつくれず、また、介護サービスの利用も「費用もかかるし、妻がいるので大丈夫だろう」と検討しませんでした。

さらにBさんは「こうした家庭の事情が周囲に伝われば、重要な仕事は任されなくなるのではないか、昇進にも悪影響があるのではないか」と考え、上司や部下、人事部など、社内の誰にも相談をしませんでした。

Bさんは娘から「お母さんがかわいそう。もっと早

2つめのケースは、認知症の母親の介護を妻に任せ切りにした結果、妻がうつ病を発症してしまい、自身も退職に追い込まれてしまった方の例です。
この方は早めに職場の仲間や人事部に相談し、働き方を変え、妻をサポートしていれば、と悔やまれています（実例をもとに、細かな設定は変えてご紹介しています）。

く帰ってきて、夜の介護を交替したりお母さんの話を聞いたりしてあげて」と迫られましたが、「お父さんだって忙しいんだ」と言うしかありませんでした。

こうした状態が1年近く続き、母親の認知症はさらに進行していきました。しかし、仕事で業績の目標達成に追われていたBさんは精神的に追い込まれており、対応は妻に任せ切りのままでした。

娘から突きつけられた一言

翌年の暮れ、Bさんは1カ月の長期出張に出ていました。そこへ娘からメールが届きました。「お母さんがうつ病と診断された」。驚いたBさんはすぐに自宅に戻ります。家に帰ると、妻は居間で悄然としており、話しかけるBさんとも視線が合いません。母親の部屋に行くと異臭が鼻を突きました。壁に排泄物が塗りつけられていたのです。認知症がさらに進み、ときおりBさんのことをすぐに認識できないまでになっていました。夜、仕事から帰ってきた娘はBさんに言いました。

「お母さんがこうなるまで、どうしてお父さんは仕事の仕方を変えなかったの？　お父さんにとって、人生の優先順位って何なの？」

Bさんは、うつ病を発症した妻の看病と母親の介護のために仕事を辞めることになりました。

「しばらくは私もうつのような状態になりました。母親は介護度が上がったので、なんとか施設には入れそうですが……。今思うと、週に1日でも2日でも、定時で帰って夜の介護をバトンタッチすればよかった。なぜもっと早く妻を助けてやれなかったか、悔やんでも悔やみ切れません」とBさんは言います。

誰か1人に背負わせない

Bさんのケースからは、「時間があるから」といって家族の1人に介護を押し付けることがどれだけ危険かということがわかります。介護は家にいる時間の多い女性が担うことになりがちですが、介護は身体的にも精神的にも大きな負担がかかります。中心の担い手になる人はきちんと定期的に休み、気分転換をすることが重要です。遠方に住んでいたり、仕事の都合で介護の分担ができなかったりする人は、その分費用を負担して人を雇い、介護する人の休みを確保してあげましょう。家族とプロがチームを組んで介護にあたる、そうした意識を全員がもって態勢をつくることが重要なのです。

帰省の際には介護者をいたわって

少し話は変わりますが、遠方に介護状態の親をもった方は、実家に帰省する際に気をつけてほしいことがあります。高齢者が、遠方から訪ねてきた子どもに、日常の介護者である子どもやその配偶者に対するグチを言う、というケースがよくあるのです。高齢者は近くにいる人には厳しく、遠くにいる人には優しい、という傾向があります。そうしたグチを聞かされた場合には、話をきちんと聞きながらも話半分に理解し、一緒に介護者を責めたり、何らかのアドバイスをしたりすることは避けましょう。介護者に対しては積極的に感謝の言葉をかける、ということを家族間で決めておくとよいでしょう。

ワーク・ライフバランスの実践

介護と仕事の両立のためには まずは働き方を変えること

介護と両立する場合の働き方のイメージ

図17　在宅介護生活の１日のイメージ

デイサービス（通所介護）での利用者の１日		皆さんの１日
送迎開始　送迎車にて迎え（巡回）	09:00	見送り　自宅前から送迎車に預ける
健康チェック		通勤
	10:00	出社　勤務開始
入浴　レクリエーション		
昼食　休憩	12:00	
レクリエーション〜絵画・手芸など		10時〜18時で会議・プロジェクト対応・電話・打合せ……などの業務を実施
おやつ　運動	14:00	
送迎開始　送迎車にて送り（巡回）		
	18:00	退社　自宅へ
ヘルパーによる介護		
	19:00	介護　在宅介護スタート

19時には帰宅する必要

図17をご覧ください。これは25ページでも登場した、同居する親を在宅で介護する場合の１日の過ごし方のイメージです。

通所型の介護サービスであるデイサービスを利用した場合、朝9時頃に施設の車が利用者を迎えに来ます。利用者である親を送り出して会社に向かいます。デイサービスでは、昼食をはさんでレクリエーションや運動などを行い、16時半頃にはプログラムを終了し、17時過ぎには自宅に戻ります。利用者が誰かが付き添わねばならない状態であれば、家族の誰かが出迎えることになります。現実的にはデイサービスのあとに数時間の訪問介護（ホームヘルパー）を依頼するケースが多いようですが、それでも19時くらいまでには帰宅する必要があります。

持続可能なチームをつくる

今度は**図18**を見てください。これは、これからの企業でチームが置かれるであろう状況です。あるメーカーの営業を担当するこのチーム

**これまでのページで、介護と仕事の両立の必要性は理解していただけたと思います。
両立のためには長時間労働を続けることはできません。ただ、一部の人の残業を減らしても、
結局削った仕事を他のメンバーがかぶってその人の負荷が増えるだけ、
ということもよくあります。ここではチーム単位で取り組むことが重要なのです。
ここから6ページにわたって、その基本的な考え方や方法をご説明します。**

図18 これからのチームはこうなる

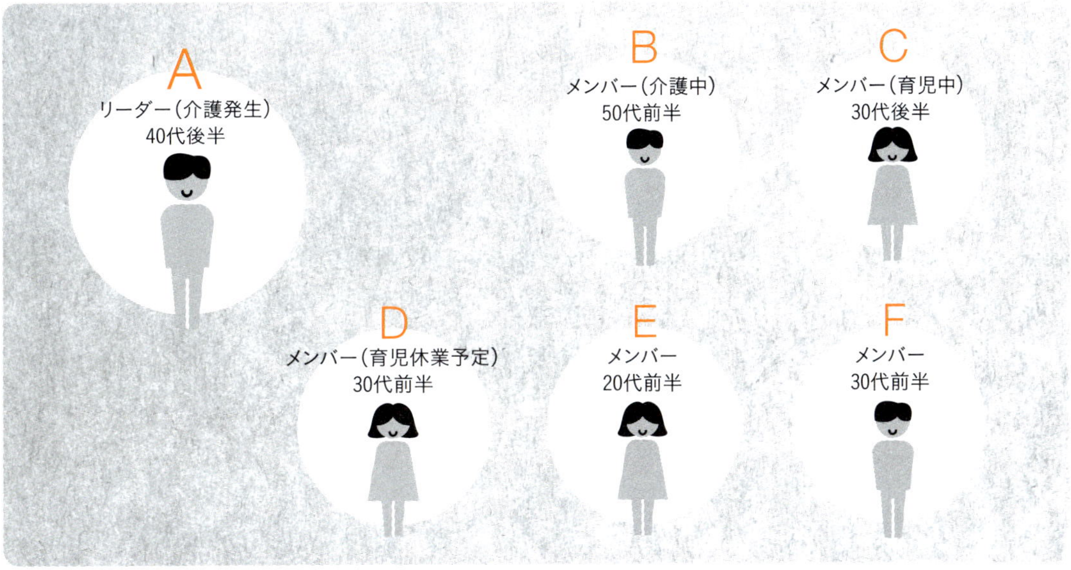

では、50代前半のＢさんは介護のために短時間勤務中で16時に退社します。30代後半のＣさんは育児中、保育園に迎えに行くため17時の定時に退社します。30代前半のＤさんは出産を控え、数カ月後には休業に入る予定、もう無理はできません。時間制約なく働けるのは20代前半のＥさんと30代前半のＦさんの２人だけ、という状態です。40代後半のリーダーＡさんは自ら新規開拓を担当するなど、孤軍奮闘して業績を保ってきましたが、先日父親が脳梗塞で倒れ、今月からは同居して在宅介護がはじまりました。Ａさんは共働き、妻と交互に介護を担当しますが、週に３日は17時に退社しなくてはなりません。これまでのように残業や休日出勤を重ねる仕事のスタイルは不可能です。

では、ここで時間制約のあるＡ、Ｂ、Ｃ、Ｄさんの仕事を、Ｅ、Ｆさんに割り振ればよいのでしょうか？　独身のＥ、Ｆさんには見えやすい時間制約はありませんが、実はＥさんはキャリアアップのため資格の勉強をはじめたところ、Ｆさんも海外赴任を目指して語学学校に通っています。就業後の時間の重要性は他の人と変わりないのです。ここで二人の負荷だけを増やせばモチベーションが下がり、過労から病気やメンタル不全に陥る危険性も高まります。

ここでは「誰かがこなせない仕事を余裕のありそうな人に割り振る」という従来のマネジメントの発想ではなく、「全員が時間内で成果を出せるように働く」と発想を転換することが必要です。リーダーのＡさんが介護生活に突入したことは、このチームの働き方を根本的に改めるチャンスにもできるはずです。仕事をチーム単位で効率化し、あらゆるメンバーを戦力化することが必要なのです。

ワーク・ライフバランスの実践

全員が定時に帰る職場をつくる基本的な考え方とステップ

図19 自分とチームの働き方を変えるステップ

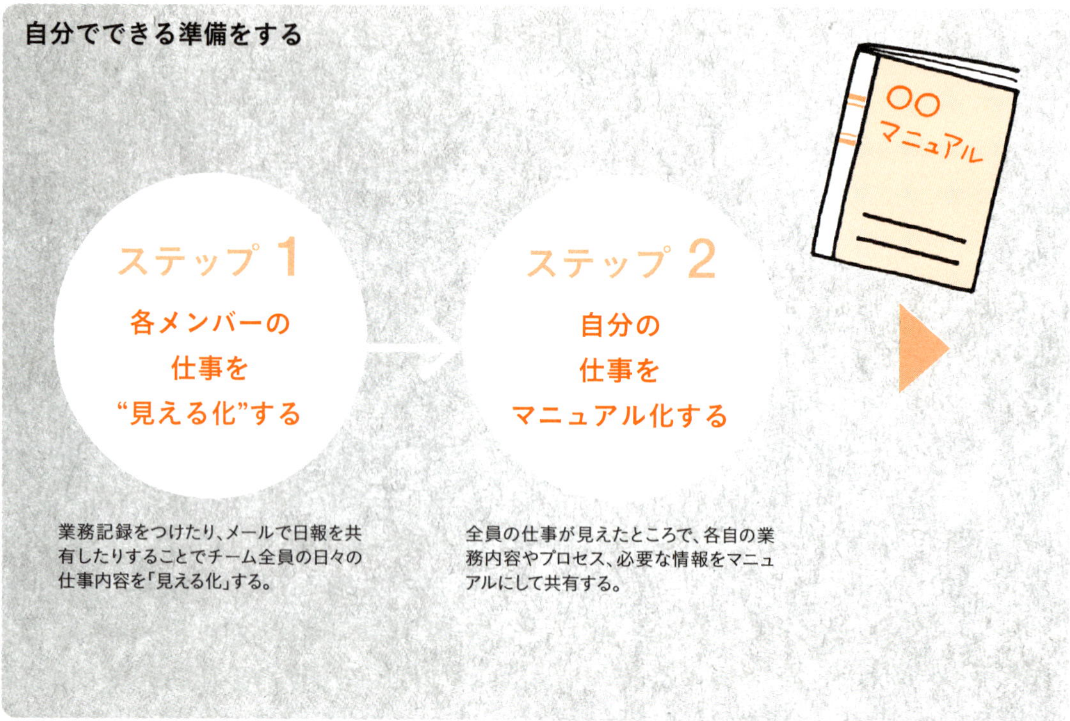
自分でできる準備をする
○○
マニュアル
ステップ1
各メンバーの
仕事を
“見える化”する
ステップ2
自分の
仕事を
マニュアル化する
業務記録をつけたり、メールで日報を共有したりすることでチーム全員の日々の仕事内容を「見える化」する。
全員の仕事が見えたところで、各自の業務内容やプロセス、必要な情報をマニュアルにして共有する。

チーム全員で取り組む

働き方の見直しはチーム全員で取り組む必要があります。介護や育児が必要な人だけが実践すればいいというものではありません。リーダーは、現状は時間制約と無縁なメンバーに対して「家系図シート」(28ページ)で今後の介護の可能性をイメージさせたり、「新たに生まれた時間でキャリアアップができる」と話したりして当事者意識をもたせる努力が必要です。

共通の問題認識ができたら、チーム改革の結果としての「理想のチーム像」を話し合ってみましょう。「ワーク・ライフバランスがとれた状態」は、人によってもチームによっても定義が違います。今の働き方の何が問題なのか、何がどうなれば仕事と仕事以外の時間をともに充実して過ごせるのか、メンバーと率直に話しあってみましょう。ここについても、おおよその共通認識ができたところで実践に入ります。

【ステップ1】全員の日々の仕事内容の「見える化」を図ります。これでメンバー同士がお互いの状況を把握し、カバーし合おうとする土壌ができてきます。

【ステップ2】全員がお互いの仕事を代行するための態勢を整えます。業務内容やプロセス、必要な情報をマニュアル化して共有します。

ワーク・ライフバランスの必要性が理解できたところで、ではどうすれば実践できるのでしょうか。
ここでは、そのための基本的な考え方と4つのステップをご説明します。
この方法で「残業しなくても好業績を上げることができるチーム」は実現できます。
そんなチームが、これからの社会で求められるはずです。

チーム（職場）に広める

ステップ3

1人が複数の業務を担う

他のメンバーが担当していた業務を実際に行ってみることで、1人しかできない業務をなくしていく。

ステップ4

全体のレベルアップをはかる

ステップ1～3をさまざまな組み合わせで行い、全体をレベルアップさせていく。

【ステップ3】 1人のメンバーが複数の業務を担えるようにマルチタスク化を進めます。全員が複数の業務を兼務し、特定のメンバーだけしかわからない業務を可能な限りなくします。

【ステップ4】 基本的な業務に関しては、全体をレベルアップするようにメンバー間のスキルを平準化します。エース的なメンバーが長期に休んでもほかのメンバーがその穴を埋められるような状況をつくります。

評価軸の変化も明確にする

働き方の見直しの最大の阻害要因は何だと思われますか？「上司の無理解」「自分の都合ばかりを言う身勝手なメンバー」などが思い浮かぶかもしれませんが、私が企業の現場を見て感じるのは、メンバーの「自己有用感」です。「会社に必要とされる人材になりたい」「上司の期待に応えたい」といった、一見すれば「やる気」のような意識から残業が発生するのです。本人は「組織に貢献している」と感じているのですから、いくら呼びかけても残業が減らないのは当たり前です。

ここでは、チームとして「時間を効率的に使うメンバーを評価する」というスタンスを明確にしなければなりません。

ワーク・ライフバランスの実践

まずはここからはじめる 業務改善の「朝・夜メール」

図20 朝メール・夜メールのサンプル

送信
朝メールサンプル
朝
宛先：
営業1部ML
cc：
件名：
【本日の予定】岡田_20120826
本文：
〈本日の予定〉
09:30〜10:30　業務チェック、メール@渋谷
10:30〜11:30　A社@渋谷（定期フォロー）
11:30〜12:30　移動（渋谷→浦和）
12:30〜13:30　昼食
13:30〜14:00　メールチェック・移動
14:00〜16:00　S市打ち合わせ
16:00〜16:45　移動（浦和→田町）
16:45〜17:30　B社提案書作成
17:30〜18:00　広報対応
〈本日の優先順位〉
1)A社フォロー
2)S市打ち合わせ
3)B社提案書作成
〈注意事項〉
営業のため終日外出。
絶対に18時で終わらせます！
業務とかける時間はセットで見積もる
スケジュールは15分単位で考える
見込み時間と実際にかかった時間の差を知ることで正確な時間の感覚を身に付ける
スケジュールを組んでみると時間が足りないことが発覚。移動時間や空き時間を効果的に利用するため事前に準備をしておく
報告は反省点だけでなくよいことも報告する。教えてくれた人へのフィードバックも大切！
優先順位が上司の考えと違うということもしばしば。事前に確認しておけば急な残業を減らすことができる
送信
夜メールサンプル
業務後
宛先：
営業1部ML
cc：
件名：
【本日の予定】岡田_20120826
本文：
〈本日の予定〉
09:30〜10:30　業務チェック、メール@渋谷
10:30〜11:45　A社@渋谷（定期フォロー）
11:45〜12:45　移動（渋谷→浦和）
12:45〜13:30　昼食
13:30〜14:00　電話対応・資料送付手配
14:00〜16:00　S市打ち合わせ
16:00〜16:45　移動（浦和→田町）
16:45〜18:00　B社提案書作成
18:00〜19:00　広報対応
〈振り返り〉
A社への定期フォローでは、先方から前回のプロジェクトについておほめの言葉をいただきました。アドバイス下さった佐藤さんのお陰です！
またB社提案資料作成については予定していたよりも時間がかかりました。パワーポイントのスライドごとのフォント統一に苦戦したためで、帰りに本屋により、参考書を買いました。
〈明日の予定〉
1)S市資料作成
2)定例会議

「朝メール」で業務理解度がわかる

チームの働き方改革の「ステップ1」はチームの現状をリーダーとメンバーが把握することです。そのための方法として私がお薦めしているのが、**図20**の「朝メール」「夜メール」というツールです。「朝メール」は毎朝各メンバーがその日の予定をチーム全員にメールで共有するというもの。ここでは、リーダーを含めたチーム全員で取り組むことが重要です。

「朝メール」のルールは次の4点です。

1. スケジュールは15分単位で考える
2. 業務とかける時間をセットで見積もる
3. 残業は見込まず就業時間内で終わらせるようにスケジューリングする
4. 各業務に優先順位をつける

リーダーは「朝メール」に対して時間見積もりと優先順位を確認します。これによってメンバー間で重複する業務があったり、事前準備が抜け落ちていたりなどの問題がわかります。

働き方を見直す手順を把握したところで、その具体策の実践に入ります。
ステップ1の仕事内容の「見える化」に最適な方法が、「朝メール」「夜メール」。
これを習慣づけることが、業務効率化の基盤となるはずです。
それ以外にも多くのツールがあるので試してみてください。

図21 こんな場合はこのツール

ダラダラ残業・つきあい残業が多い⇒ノー残業デー

▶「毎週水曜日は定時帰社」といった全社一斉の強制的な労働時間短縮策です。この日は、全員が定時に帰らねばなりませんから、お互いに助け合って仕事をする雰囲気をつくることができますし、業務効率化を意識させる効用もあります。しかし、仕事の持ち帰りや早朝出勤で労働時間を補うなどでは本末転倒なので、そうならないように確認することも必要です。

メンバーの特性がわからない⇒スキルマップ

▶各メンバーのスキル内容と能力のレベルを「見える化」した表。メンバーの強み・弱みが一覧できるので、チーム全体で業務を平準化させるための役割分担決めがやりやすくなります。

知見を共有しないメンバーがいる⇒全部議事録

▶会議や打ち合わせなどの場で話されたことをすべて記録したもの。これをメーリングリストや共有サーバなどでチームメンバー全員が共有すれば、チーム内での情報や経験の共有が一気に進み、チームの「知のデータベース」となります。

※詳しくは、拙著『6時に帰るチーム術』〈日本能率協会マネジメントセンター〉などを参照ください

「夜メール」で反省と評価

「夜メール」は実際の業務報告です。

「朝メール」の内容に次の3点を追記します。

1. 時間見積もりと実際にかかった時間の差
2. 反省点とよかった点
3. 翌日の予定（翌朝には予定時間を入れて「朝メール」に転用する）

リーダーはよかった点をほめ、予定どおりいかなかった点はメンバー自身にその理由を考えさせます。業務の振り返りでは反省点とともによかった点を書かせ、継続のモチベーションを高めます。その際には「誰にサポートしてもらったか」を重点的に書かせます。これでメンバーは周囲への感謝と気遣いに意識が向き、リーダーは「他人をサポートするメンバー」を知ることができます。

「朝メール」「夜メール」をはじめるときは「やらされ感」が生じがちです。定着させるために、まずは「しっかりほめる」ことに力を入れてください。その後に「ほめ」と「アドバイス」をうまく織り交ぜます。私の会社では創業直後からこのツールを使っていますが、コメントで他メンバーを楽しませたり、うまくいった仕事のプチ自慢をしたりと、楽しみながら使えるコミュニケーションツールとして進化させています。

諸問題を改善させるツール

具体的な施策を進めていくと、さまざまな問題点が浮上します。そういった場合のために、**図21**にあるようなツールも考案していますので試してみてください。

地域ネットワーク

親のコミュニティを教えてもらい、理解者・協力者をつくっておく

一般的な地域コミュニティの例

町内会・自治会

たいていの町に存在している。活動が盛んなところとそうでもないところがあるが、若い力が不足しているケースも多く、子ども・孫世代が活動にまめに顔を出すことで、得られる情報は多いはず。

老人クラブ

全国老人クラブ連合会が運営。地域の高齢者を集めて運動や文化、演芸、ボランティア、旅行などの活動を行う。一人暮らしの高齢者の見回りや仲間づくりの手助けなどの活動をしていることも多い。

福祉系NPOなど

多くの地域に高齢者の地域活動や文化活動を支援するNPO団体が存在している。
市町村のサイトや広報紙に情報が掲載されている。

民生委員

厚生労働大臣から委嘱され、それぞれの地域において住民の立場に立って相談に応じ、必要な援助を行う。

向こう3軒両隣

お向かいや両隣の家はふだんから「見守り」を頼めるほか、いざというときにも頼れる存在。
ただ、近隣だからといって必ずしも仲がよいわけではないので、ふだんの付き合いを把握しておくことが大切。

その他

近くの交番の巡査、マンションの管理人、かかりつけ医、よく利用する商店・飲食店、最寄り駅の駅員などにもお世話になる可能性があるので、親の交友関係を踏まえてキーパーソンを見つけておく。

早くからつながりをつくっておく

介護における強い味方が「地域のコミュニティ」です。ふだんから親がどんなコミュニティに属しているのかを知り、機会をつくって挨拶をしておきましょう。両親が遠方にいる場合はなおさらです。向かいや両隣は小さな異変にも気づきやすい貴重な存在。帰省したときに簡単な手土産をもって挨拶に行くなどの小さな気遣いで、スムーズに交流が保てることでしょう。

私自身は、実家に帰った際に両親の散歩に付き合うようにしています。すると、いつもの散歩コースのなかで知り合いや付き合いの状況がわかり、相手の方に挨拶もできます。携帯や個人メールを書いたプライベート用名刺を渡しておくと、いざというときに連絡をもらえます。

また、親が地域の町内会やコミュニティに参加しているのであれば、皆さんもそこに顔を出させてもらうとよいと思います。お祭りや餅つき、ゴミ拾いなどの地域イベントに参加すると、表には出てきにくい情報や親の状況を知ることができます。親が自分のコミュニティをもっていない場合は、自治体の催しを調べるなど、何らかの情報を提供することもお薦めです。

介護関連の制度

法的制度と勤務先の制度 利用できるものを知っておく

法律で定められた介護支援制度

介護休業・介護休暇

介護休業は要介護状態にある家族1人につき一度の休業を取得でき、期間は通算して(延べ)93日まで。介護休暇は要介護状態にある家族1人につき年5日、2人以上の場合は最大10日まで取得が可能。一定の範囲の期間雇用者も対象となる。休業中は基本的に無給だが、雇用保険が休業前賃金の最大4割の給付金を支給。

深夜労働・短時間勤務の設定

育児・介護休業法では、要介護状態の家族をもつ従業員に対して、深夜労働をさせない、短時間勤務制度を設定することなどを義務付けている。

※育児・介護休業法の「要介護状態」とは:2週間以上にわたり常時介護(歩行、排泄、食事などの日常生活に必要な便宜を供与すること)を必要とする状態のことであり、介護保険の要介護認定とは関係ない。

※育児・介護休業法の介護の対象:被保険者の配偶者・父母・子・配偶者の父母

企業ごとに制定される制度の一例

在宅勤務制度

一定の条件を満たす社員が自宅で業務を行う制度。要介護者と同居の場合に役立つ。

介護休業制度

家族に常時介護が必要な人がいる場合に、数カ月〜数年間、法定の介護休業よりも長く休職ができる制度。

再雇用制度

常時介護のため退職し、数年内の復職を希望する社員にその機会を与える制度。

介護情報の提供

イントラネットや社内報、ハンドブックなどで、介護に必要な情報を提供。

介護セミナーの開催

介護に関する知識や心構えをテーマとするセミナーや講演会を開催。

相談窓口・相談ダイヤルの設置

24時間、介護に関する電話相談ができる外部専門機関などを用意。

支援を受けて負担を軽く

企業などに雇用されている人が介護を担う場合に、誰もが使えるのが「介護休業」です（詳細は14ページと上記参照）。育児・介護休業法で事業主に対して設定が義務付けられているもので、雇用保険から休業前賃金の最大４割が給付されます。

また、上に挙げたように、最近では企業独自の支援制度を設けるケースも増えてきました。いざというときに慌てて退職の道を選ばないよう、各種の制度の概要を知っておきましょう。

これらの制度は内容が変更されることも多いので、ときどきにチェックすることも必要です。また、特に「介護」をうたわなくても、有給休暇を積み立てて使える制度もありがたいものです。また、在宅勤務やモバイル勤務などがあるようなら、積極的に活用してみましょう。東日本大震災をきっかけに在宅勤務制度の拡充に力を入れる企業が増えています。前述の「朝メール」の習慣があれば、在宅勤務の際も仕事が「見える」ので上司も安心できるでしょう。

巻末にワークシートがあります

社員のワーク・ライフバランス支援

先進企業の取り組みから見る「介護退職」を防止する試み

東京メトロの場合

「ワーク・ライフバランスガイドブック」の作成

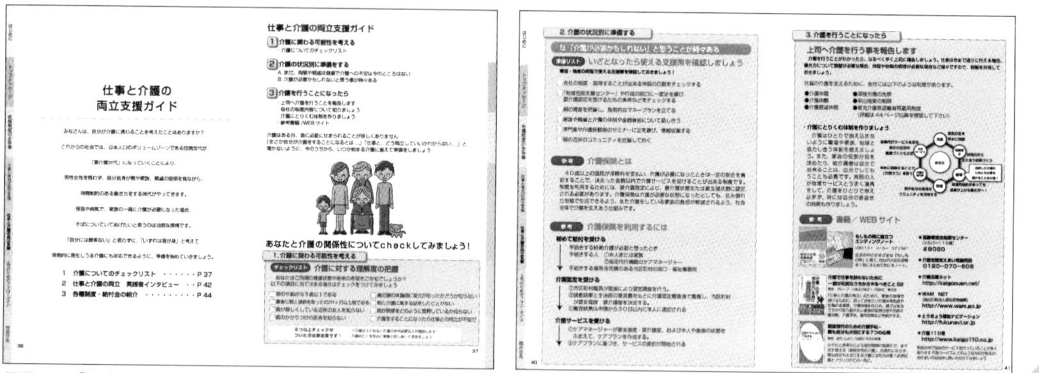
仕事と介護の両立支援ガイド

みなさんは、自分が介護に携わることを考えたことはありますか？

これからの社会では、日本人口のボリュームゾーンである団塊世代が

「要介護世代」になっていくことにより、

男性女性を問わず、自分自身が親や家族、親戚の面倒を見ながら、

時間制約のある働き方をする時代がやってきます。

怪我や病気で、家族の一員に介護が必要になった場合、

そばについていてあげたいと思うのは自然な感情です。

「自分には関係ない」と思わずに、「いずれは我が身」と考えて

突発的に発生しうる介護にも対応できるように、準備を始めていきましょう。

1　介護についてのチェックリスト　……P 37
2　仕事と介護の両立　実践者インタビュー　‥P 42
3　各種制度・給付金の紹介　……P 44

仕事と介護の両立支援ガイド

1 介護に関わる可能性を考える
・介護についてのチェックリスト

2 介護の状況別に準備をする
A まだ、両親や親戚は健康で介護への不安は今のところはない
B 介護が必要かもしれないと思う事が時々ある

3 介護を行うことになったら
・上司へ介護を行うことを報告します
・自社の制度内容について知りましょう
・介護にとりくむ体制を作りましょう
・参考書籍/WEBサイト

介護はある日、急に必要にせまられることが珍しくありません
「まさか自分が介護をすることになるとは…」「仕事と、どう両立していいかわからない…」と
慌てないように、今のうちから、いつか始まる介護に備えて準備をしましょう

あなたと介護の関係性についてcheckしてみましょう！

1. 介護に関わる可能性を考える

チェックリスト　介護に対する理解度の把握

2. 介護の状況別に準備する

いざとなったら使える支援策を確認しましょう

参考　介護保険とは

参考　介護保険を利用するには

初めて給付を受ける

介護認定を受ける

介護サービスを受ける

3. 介護を行うことになったら

上司へ介護を行う事を報告します

・介護にとりくむ体制を作りましょう

参考　書籍／WEBサイト

#8080

0120-070-608

http://kaigoouen.net/

WAM NET

http://www.wam.go.jp

http://fukunavi.or.jp

http://www.kaigo110.co.jp

冊子には「仕事と育児」「仕事と介護」のそれぞれを両立させるための制度、心構えなどがまとめられている。本文内には、介護保険制度の利用法や基本的な情報の集め方などを紹介している。

介護と仕事の両立に関する冊子を制作

東京地下鉄株式会社（東京メトロ）では、2011年に「ワーク・ライフバランス」をテーマとした社内向けガイドブックを作成しました。私も制作をお手伝いしたこのガイドブックは、B5判64ページの大作です。人事部担当取締役の方と私との対談記事によるメッセージからはじまり、育児と仕事の両立などとあわせ、これからは介護のための両立支援に力を入れていく、というメッセージを明確に打ち出し、実際の介護に直面した場合の対策や企業としての支援策、介護を抱える部下のマネジメント方法といった介護関連のトピックスに全体の３分の１程度が割かれています。

介護保険の概要や社内制度の紹介のほか、「まずは上司に相談を」というメッセージや「いったんは退職を考えたものの、自分の工夫と周囲の協力で乗り越えた社員のインタビュー」が掲載され、両立のノウハウが具体的にイメージしやすい内容となっています。休業規定や給付金の解説については、法定のものと企業独自の制度をミックスして紹介し、社員の方にとって現実的で使いやすい内容になるよう工夫しています。

同社では、今後、介護休業取得者が大幅に増加すると予測しています。介護と仕事の両立は、会社を運営していく上で重要な課題であると認識しており、このガイドブックで社員との問題意識の共有をはかり、介護を理由にした退職者をなくしていきたい、としています。

セミナー開催とWebを使った情報提供

大成建設株式会社（大成建設）では、2011年から「介護と仕事の両立セミナー」を開催し、社員に介護の知識を提供するとともに、自ら情報収集

企業側も介護と仕事の両立への支援をはじめています。
介護情報をまとめたハンドブックをつくって配布したり、
介護をテーマにしたセミナーを開催したり、両立のモデルケースをつくって情報発信をしたり、
といった例が多いようです。
皆さんも上司や人事部に働きかけ、会社全体で介護時代への対応を考えはじめてください。

大成建設の場合

介護の情報サービスを導入

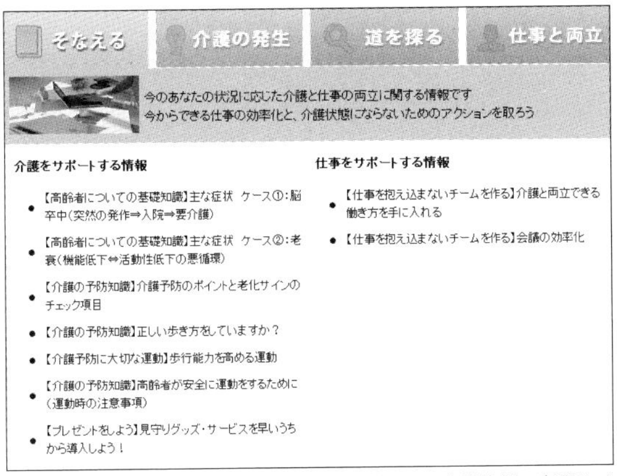

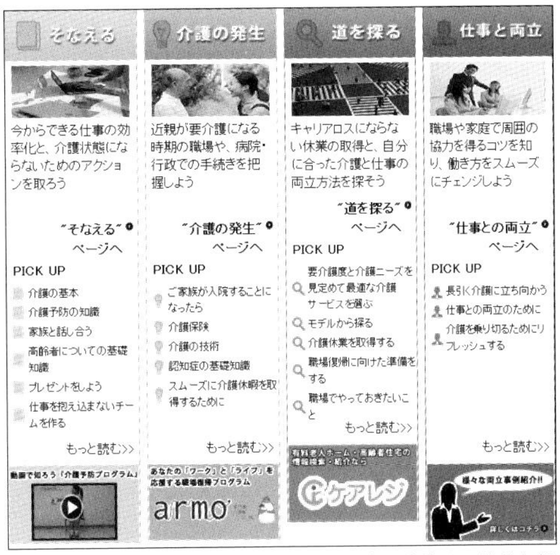

「介護と仕事の両立ナビ」は、企業単位で導入する介護情報の専門サイト。基本的な介護情報のほか、働き方の見直し方法や、他社と提携した有料老人ホームの検索サービスや専門家による電話相談サービスなどのコンテンツを揃える。http://work-life-b.com/navi

して備えることを呼びかけてきました。セミナーでは社員同士の交流の時間をとり、既に介護と仕事を両立している社員が他の社員に体験談を話して理解を促進させるなどの試みをしています。

また、大成建設では、私の会社が開発したサイト「介護と仕事の両立ナビ」を導入していただいています。これは介護保険のしくみや介護にかかる費用、介護施設の検索機能、介護相談ダイヤルなどがまとまったWebサービスです。介護の課題は多様であり、人事の方が個別に対応するのはあまり現実的ではありません。介護は、いつ誰が直面するかわからないからこそ、企業から早めに働きかけ、情報を提供し、社員に心の準備をしてもらうことが、社員に安心して働き続けてもらうための重要な取り組みになるのです。

大手化学品メーカーの花王株式会社では、厚生労働省の介護発生率のデータを基に自社の「将来予測」をしています。2008年時点で要介護の家族をもつ社員は全体の8.3％でしたが、2018年にその割合が倍増、その数値は上がり続ける、という予測が出ました。同社では社員に対する支援制度を充実させるために、自社制度「介護支援金」の支給者に対してアンケートを行いました。その結果、自分で介護を行う社員は1割弱なのに対し、配偶者に任せている社員が24％いること、戸惑いや介護関連の手続きの煩雑さなどから介護発生時の負担感が特に強いことなどが見えてきました。また、周囲に気軽に介護の相談ができる人は結果として仕事との両立に成功するケースが多い、つまり意識や情報共有が重要、といったこともわかりました。こうした調査と分析を踏まえ、同社ではキャリア継続のための自助努力の支援と事情を理解して互いを支えあう職場づくりのための啓発を進めています。

介護情報アクセスリスト

不安なのはわからないから　知識を得れば、先が見えてくる

介護関連の書籍

深刻な体験記を笑いに変えて紹介

笑う介護。

松本ぷりっつ、岡崎杏里
成美堂出版

若くして介護生活に突入した著者の体験談を明るい漫画で紹介。前向きに介護に取り組む著者の姿に心打たれる

仕事との両立ノウハウ

介護で仕事を辞めないために

グループ・けあ＆けあ21 (編著)
創元社

介護休業制度や企業の支援策、介護情報をはじめ、親が元気なうちから取り組みたい家族の役割分担や別居介護対策、介護予防、費用対策などを紹介

介護問題に精通する著者のアドバイス

私の老い構え

樋口恵子
文化出版局

高齢化社会、介護問題に関する著作を多数持つ樋口氏による老いに向けての心構え。氏のほかの著作も学びが多い

介護保険の最新情報がわかる

図解 2012年度介護保険の改正早わかりガイド

井戸美枝
日本実業出版社

改正が多く、複雑でわかりにくい介護保険制度の最新情報をわかりやすくまとめて紹介する

異世代の研究者が介護問題を考察

上野先生、勝手に死なれちゃ困ります

上野千鶴子、古市憲寿
ちくま新書

『おひとりさまの老後』著者の上野氏と、『希望難民ご一行様』著者の古市氏。30歳以上歳の離れた2人の社会学者の対談から、この国の「老後」を考える試み

新書で手軽に知識を得る

現役世代のための介護手帖

おちとよこ
平凡社新書

誰もが悩む、自分の仕事・暮らしと介護の両立。いざというときに役立つ対処のノウハウ、介護サービスを賢く効果的に使うためのコツなどを紹介

介護の実務を完全図解

完全図解 新しい介護

三好春樹、大田仁史 (監修)
講談社

実際の介護に突入したらもっておくと便利な介護マニュアル。すべてが図解になっているので介護初心者でもわかりやすい

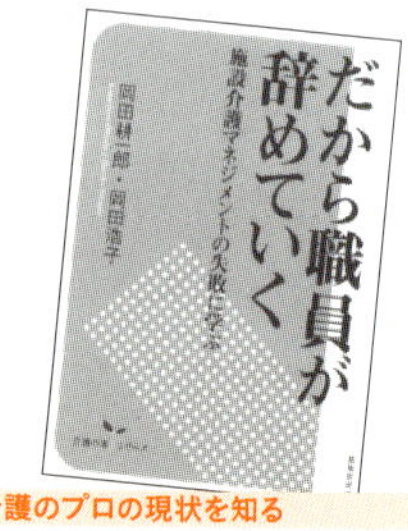

介護のプロの現状を知る

だから職員が辞めていく

岡田耕一郎 、岡田浩子
環境新聞社

介護はプロと一緒に取り組んでいくもの。だが、そのプロたちの置かれた環境は過酷。介護現場の現状を知り、よりよい協力態勢を模索するための1冊

介護関連の専門職とその資格

民生委員	医療ソーシャルワーカー	社会福祉士
民主委員法に基づき、地域の社会福祉のために活動する民間ボランティア	病院や保健施設に所属し、病気・健康などの相談に応じる。社会福祉士の資格を有することが多い	日常生活に支障のある方の相談を専門的に行う国家資格。地域包括支援センターの相談業務を担う
介護福祉士	**ケアマネジャー**	**ホームヘルパー**
心身の障害がある方の介護や本人または家族の精神面のケアを行う国家資格	介護や支援が必要な方に介護サービス計画（ケアプラン）を作成する公的資格	家庭での介護や生活の援助を行うため、専門講座を修了した人に与えられる認定資格

はじめて経験することには不安が先立つもの。
その不安のおおもとには「知らない」「わからない」ということが大きく影響しています。
しっかりした情報を集めることで、介護情報の感度を磨いておきましょう。

Webサイト・相談窓口

名称	地域包括支援センター／自治体の相談窓口	高齢者総合相談センター（シルバー110番）	介護支え合い電話相談室	介護応援ネット	WAM NET	介護110番
問い合わせ先	各自治体	全国共通番号 #8080	0120-070-608	http://kaigoouen.net/	http://www.wam.go.jp/	http://www.kaigo110.co.jp/
運営母体	各自治体	自治体	社会福祉法人浴風会	株式会社メイビス	独立行政法人福祉医療機構	イメージラボラトリー
内容	42ページ参照	高齢者やその家族が、生活・医療・介護・年金などについて電話・文書・面談で相談できるサービス。各都道府県に1カ所ずつ設置されている	相談員による電話相談サービスで家族の不安の解消を図るとともに、正確な情報提供や地域のネットワークにつなげるなどの支援を行う	口腔ケア、体操など、介護予防のコンテンツと情報発信に重点を置いたサイト	病院・福祉施設・介護施設等の総合検索サービス	各種介護情報のほかに、会員登録による介護家族のコミュニティを運営、口コミによる情報交換が盛ん

お薦め情報源をピックアップ

介護の情報を集める段階では、書籍も役立つことでしょう。専門書から実用書まで多数の本が出版されていますが、「何を読んだらいいのかわからない」という方のために、お薦め書籍をピックアップしました。介護に関するWebサイトも多く、専門家も重要な情報源となります。多くの情報や人に接することで施設やサービスを見極める「目」が養われるはずです。

有料老人ホーム紹介サイトも多数

全国で4000施設以上あるとされる有料老人ホーム。入居金が高額になることも多いこうした施設は、情報を集め、しっかり納得した上で入居したいもの。「ケアレジ」は現在増加する「有料老人ホーム検索サービス」の1つ。介護業界経験の長いスタッフによる運営で、「入居者の自立支援と生活の質向上を目指す施設を推奨する」とし、全国の約2600施設の有料老人ホームを登録、都道府県・施設種類・入居一時金・月額利用料・入居時要件で検索できます。「ケアレジ」の特徴は、基本的な物件情報から、施設の運用体制やサービスの質など専門家視点の情報までを無料で提供すること。入居者の状況や意向などの条件をもとに最適な施設をマッチングする無料相談サービスも行っています。

http://www.inn-home.com/

介護を事前にイメージ

理解度と協力関係を深めるために適切な順番で事前準備と話し合いを

図22 理想的な話し合いのステップ

1 親＆自分

本質的な価値観を共有する

「何をしているときに幸せを感じるか」などの根本的な価値観を共有する。

2 親＆自分

介護情報を収集して親に共有する

介護の基本情報や近隣の介護施設・サービスをおおまかに調べ、共有する。

介護前に「大きなこと」を話し合う

「親の介護」が気になりはじめても、家族のあいだで実際の介護が話題にのぼることは少ないのではないでしょうか。介護は人によって状況がさまざまで「自分の場合」を想像しにくい上、そう楽しい話題でもないので、親も子どももつい目を逸らしてしまいがちです。その反面、いざ介護となれば、たちまち介護サービスや施設探しに忙殺される日々に突入します。多くの介護経験者の方が、「もっと前から心づもりをしていれば」と後悔しているのです。

親の価値観を知り、情報を共有する

私は介護に入る前の段階で、親の価値観を知り、共有する話し合いをすることを強くお薦めしています。話し合いのプロセスを**図22**にまとめてみました。最も重要なのは、介護される側である親の「価値観」です。「何をしているときに幸せを感じるか」「絶対に嫌なことは何か」といった、生きる上での根本となる価値観を探ります。親とのこうした会話は人によってはちょっとテレ臭く感じるかもしれません。そんなときのために、この本では簡単なワークシートを用意しました（80～85ページ）。それで

**事前準備がしっかりできていれば、いざ何かが起こったときにもスムーズに対処することができます。もちろん、それは介護も同じ。
介護の当事者となる家族間で、親が要介護となった場合を想定し、
そうなったらどうするか、事前準備と話し合いをするためのステップを紹介します。**

3 親＆自分

資産状況を把握し、
介護の要望を聞く

親の資産状況を把握し、介護状態になったときの要望を確認する。

4 夫婦で

介護についての
話し合い

情報をシェアし、介護になったときの対応について話し合う。

4 兄弟姉妹で

介護についての
話し合い

情報をシェアし、介護になったときの対応について話し合う。

介護発生

も切り出しにくい方は、「仕事で調べてるんだけど協力してくれない？」と仕事を口実に会話をスタートするのもよいと思います。親子が介護の話し合いをしてケンカになるのは、こうした根本的な価値観の共有をせずにいきなり施設や費用の話をしてしまうことが一因にあるように思います。

そして、子どもである皆さんは、話し合いに入るときに、介護についての基本的な情報を集めてください。この本に書いてある基本的な情報とあわせ、近隣の介護施設とサービス・料金といった情報を用意し、おおもとの価値観が見えてきた段階で親に提供してみましょう。

費用の工面について

「理想と現実」が見えたところで、次は避けては通れないお金周りについて話します。基本的には介護費用は親の資産からまかなってもらうべきですが、そうはいかない場合は子ども世代の負担を含めた現実的な方法を話し合います。その後、「家にいたいのか、施設に入りたいか」など、介護にまつわる希望も多少聞き出せるとよいでしょう。こうして集めた情報をワークシートにまとめ、夫婦や兄弟姉妹など、ほかの当事者にシェアします。次ページからは、話し合いのポイントを説明します。

ステップ①②親の「価値観」を聞いて情報を共有する

どういう生活・人生が理想か　その情報があとから威力を発揮する

会話パターン1

子「母さん、たまには旅行にでも行ったら？」
親「そうねぇ。でも、私は枕が変わると寝られないタイプだからねえ」
子「そんなこと言ってないで、友達でも誘ってさあ」
親「そうねえ……、でも、慣れていないところで寝るのはねえ……」
子「でも、この先介護になったら、施設に入らなきゃならなくなるかもよ」
親「……、考えただけでもぞっとするねえ」
子「でも、オレだけじゃあ、面倒見られないしさ」
親「……、あんたには迷惑かけないよ。施設にでも何でも入るから！」
子「せっかく心配して言ってるのに、勝手にすれば」
親「ええ、勝手にするよ！」

会話パターン2

子「母さんは、どんなときに幸せだって感じるの？」
親「そうねえ。庭のバラの花を見て、お茶を飲んでいるときかしら」
子「そうなんだ。じゃあ、家にいるときが一番幸せだってこと？」
親「そりゃそうよ。誰でもそうなんじゃない？」
子「そうだね。でも、ほら、旅行に行くのが好きな人もいるでしょ？」
親「ほら、私は枕が変わると寝られないタイプだから」
子「じゃあ、この家以外で過ごすことは考えられない、ってことだね」
親「そうね、この家でバラを見ながら死ねれば幸せだわ」
子「そうできるといいね」
親「そうね、そのためには健康でいないとね」

人生の終末期を過ごすわけですから、介護においては介護される人の「どんな環境で過ごしたいのか」という「生活の価値観」を尊重することが理想です。そうした価値観は、介護の指針を立てる際の重要な情報となります。親が話しやすいよう、上手に聞くようにしましょう。

前提となるのは「親の幸せ」

そうはいっても、「まだまだ元気な親に向かって介護の話は切り出しにくい」というのが正直なところでしょう。親自身もさほど考えていない場合も多く、前ふりもなく話題にすると唐突感があるかもしれません。特に男性は柔らかなコミュニケーションが苦手で、単刀直入に話をはじめてしまう方も多いようです。話し手である親を身構えさせてしまうと本音が出なくなってしまうので、ここはできるだけ自然に話を進めたいものです。

こうした会話をするときの例を挙げてみました。左の会話パターン1では、子どもの側に、親の言っていることを受け止めよう、という気持ちがあまり感じられません。いきなり「介護になったら施設に入らなきゃ」といった決め付けをしてしまっては、話をしている親の側も心を閉ざしてしまうことでしょう。

話を聞く子ども側は、大前提として「親にはずっと元気で、幸せでいてほしい。そのために自分にしてあげられることには何があるか」という気持ちをもち、その意思表示をすることが大切です。ここでは「相手の発言を繰り返したり、言い換えたりして、相手の思考を深めさせる」といったコーチングの技術も役立つでしょう。

「幸せを感じるとき」を聞く

左の会話パターン2は、私が実母と交わした会話を基にしています。私自身、親と将来の話をすることはテレ臭くてなかなかきっかけをつかめずにいました。それが、実家に立ち寄った際に、ふと「お母さんはどんなときに幸せを感じるの？」と問いかけたところ、母からは「今は庭のバラの手入れがいちばん大事なの」という答えが返ってきました。言葉を交わすうちに、「介護」という言葉を使わなくとも、「できる限り庭の手入れをし、在宅で過ごしたい」という、母の生活に対する価値観を知ることができました。

折々に聞いて書き留めておく

介護においては、病気や認知症によって、介護される人がいろいろな判断を下すことが難しくなる場合があります。家族が本人に代わって何らかの判断を下す場合には、事前にこうした基本的な価値観を聞いておくことが役立ちます。仲のよい友人や好物、音楽などを確認しておくことで、介護となった場合にその時間を充実させることができるはずです。また、こうした価値観は時とともに変わっていくものです。親しい人を亡くしたり生活環境が変わったりしたときは、また改めて聞いてみるようにするとよいでしょう。聞き出したことはこの本のワークシート（80～81ページ）に書き留めておくことで、ほかの家族と共有したり、将来的にはケアマネジャーやヘルパーに介護の要望を伝えたりする際に役に立つはずです。

大きな価値観を共有できたら、次に皆さんが集めた介護の情報を親に伝えてみましょう。本やサイトで得た情報に身近な人の事例などを交えて説明すれば、親の側も理解しやすいでしょう。皆さんが親の将来や介護について真剣に考えていることが伝われば、親の側も考えや理想を話しやすくなるはずです。

巻末にワークシートがあります

ステップ③資産状況・介護要望を共有する

「資産シート」を書いてもらい介護の要望をじっくりと聞く

図23　資産と介護要望を把握する

確認しておきたい項目

資産の状況

- □ 預貯金……計　　　　万円相当
- □ 不動産・有価証券……計　　　　万円相当

※時価を踏まえて確認

- □ 年金……　　　　歳から受取　月額（見込み）　　　　万円

※両親それぞれに確認

- □ その他定期収入
- □ 借入金などの債務

※ここもしっかり確認を

- □ 民間の生命保険、介護保険の加入状況

介護の要望　※要介護状態となったら…

- □ 在宅介護を希望　**or**　施設介護を希望
- □ 在宅希望の場合
  子ども（誰）と　同居希望　**or**　夫婦・一人暮らし希望
  （子ども世帯の　近隣　**or**　近隣であることにこだわらない）
- □ 介護の主な担い手の希望
  家族（誰）　**or**　事業者（ヘルパー等）
- □ 介護費用は月額いくらまで捻出できるか
- □ 介護費用のために資産を処分してもよいか

**親の大もとの価値観を確認できたら、
親の資産状況や具体的な介護の要望や確認するステップに入ります。
お金の話題は聞きにくいかもしれませんが、ここはとても大切なところです。
親に必要性を理解してもらった上で、しっかり確認するようにしましょう。**

基本は親の資産でまかなう

介護をする上で避けては通れないことに、お金の問題があります。介護サービスを利用したり介護施設や高齢者向け住宅に入居したりするにはそれなりの費用がかかります。介護に関する費用は介護される人の生活費ですから、本人の資産や年金などでまかなうのが基本でしょう。しかし、本人に資産がなかったり、年金が少なかったり、いっときに多額の入居費用がかかる有料老人ホームに入居する、といった場合には、子どもを含む家族が負担をするケースもあり得ます。用意できる費用の範囲内で充実した介護ができるようなプランを考えることが必要です。将来の見通しを現実的なものにするためには、親の資産や負債、収入や支出を知っておくことが欠かせません。

シートに書いてもらう

お金の話は、家族であってもなかなか切り出せない、という人も多いことでしょう。**図23**は、事前に確認しておきたい項目の一覧です。82～83ページには、これをワークシートにしたものを用意しました。この本は基本的に「介護する側」である子ども世代の皆さんを対象にしていますが、このワークシートだけは、「介護される側」である親に渡して、埋めてもらいましょう。「父さん、母さんに何かあったときのために一度整理しておいてほしい」といったように頼むとよいと思います。

最初のステップで親の価値観を聞き、その後に情報提供をしたあとで、理想の将来を実現するためにはお金の話し合いは避けて通れない、ということを親と確認し合いましょう。

特に、土地・家などの資産を将来どう処分しようと考えているか、という点は重要です。特定の子どもに相続させたいのか、処分して分配して相続させたいのか、処分して自分たちの介護・生活費にあてたいのか、何も考えていないのか、といったことです。土地・家を担保に資金を借りる「リバース・モーゲージ」という金融商品など老後の生活設計に役立つしくみもあります。

さらに、介護が必要となった場合、資産管理を誰に託したいのか、というのも重要なポイントです。「お金のことは……」と何も話し合わないままに親の認知症が進み、資産管理に苦労されている方もいるのです。

また、資産と同時に「債務」も重要な確認事項です。親が債務を持って死亡すると、その債務は配偶者や子どもの法定相続人がいったん相続します。死亡を知ったときから3カ月以内に裁判所に申請すれば相続放棄が可能ですが、その期間を過ぎれば基本的に債務も相続したことになります。債務の存在を知らずに多額の借金を負うことのないよう、連帯保証人等の事項も含めた債務の存在を確認します。

介護の要望は時間をかけて

次に、介護の要望を確認します。親が「まだ考えていない」と言う場合は、親と一緒に地域包括支援センターに行って説明してもらったり、施設を見学に行ったりすることによってイメージがしやすくなるはずです。

巻末にワークシートがあります →

ステップ④夫婦・兄弟姉妹との話し合い

配偶者や兄弟姉妹と一緒に介護のチーム編成をイメージする

夫婦の話し合い項目チェックリスト

要介護となったら…

- □ 親の要望と資産状況について
- □ 同居・呼び寄せについて
- □ 介護の分担について
- □ 近隣の施設やサービスについて
- □ 介護費用の負担について
- □ 会社の制度、働き方の改善について

兄弟姉妹の話し合い項目チェックリスト

要介護となったら・・・

- □ 親の要望と資産状況について
- □ 兄弟姉妹各自の家庭状況について
- □ 介護の分担、割ける時間について
- □ 近隣の施設やサービスについて
- □ 費用の分担と管理について

夫婦の話し合いは選択肢を用意する

次に、皆さんが親から聞いた情報をまとめ、ほかの家族と共有していきましょう。結婚している方であれば、まずは自分の配偶者との共有が大切になるでしょう。ここでは、親と血のつながらない配偶者が自分とは違う心境で親の介護の問題を考えていることを認識することが重要です。

都市部に住むＡさん（男性）は、地方に住む母親が病気がちであることを心配し、「心配だから同居しよう」と説き伏せて、同居をはじめました。Ａさんの妻は同居について心配したものの、熱心なＡさんの説得に応じて同居に踏み切りました。Ａさん夫妻は母親のために自宅を一部改修し、受け入れの態勢を整えました。

しかし、同居開始後すぐに母親は体調を崩し、介護を必要とする状態に。長く地方で暮らしてきた母親は新しい環境になじめず、Ａさんの妻から介護を受けることも嫌がりました。かといって、息子であるＡさんは多忙で母親の介護に手が回りません。結局、母親は地方に戻り、介護施設に入ることになりました。Ａさん夫妻は遠方での施設探しに追われ、自宅の改修費用もムダになってしまいました。

親のことを大事に思う方ほど「同居すれば安心」と考えるようですが、Ａさんのケースのように、住居を一緒にすることはお互いの「逃げ場」を失うことでもあります。また、認知症の症状は、住み慣れた場所を離れたタイミングで一気に進行することもあります。いきなり同居をはじめるのではなく、子ども世帯の近所に

**１人の介護には最低でも４人の手が必要、と言われています。
そのために必要となるのが、夫婦や兄弟姉妹、場合によっては親戚との話し合い。
ポイントを押さえた話し合いで、介護のイメージを共有し、しっかりとした協力態勢の基盤をつくっておきましょう。**

サービス付高齢者向け住宅（40ページ参照）などを探し、親が新しい土地になじめることを確認したのちに改めて同居を考える、といった方法もあるでしょう。介護はさまざまな選択肢がありますので、配偶者にも情報を提供し、よりよい選択肢を一緒に検討しましょう。

切り分けやすい介護項目を分担

兄弟姉妹間の話し合いは、「介護となったら、誰が何を分担するか」ということが中心となるでしょう。多くの場合、親と同居、もしくは近くに住む人が主に介護を担うことになりがちです。それでは不公平と「５年ごとに持ち回りにする」などの方法を考える方もいるようです。しかし、親の側にすれば、数年後ごとに生活環境が変わるのは、あまりありがたいことではないでしょう。親の要望に沿ったかたちで、しかも兄弟姉妹の負担が偏らない方法を考えねばなりません。介護はできるだけ事業者の手を借りた上で近くに住む姉が中心に担当、弟は病院などの送迎を担当、海外在住の妹は姉に対して費用を負担する、など大きな部分での労力と費用の分担をイメージしていきます。これは、数回の話し合いの場をもって、それぞれの配偶者や子どもの気持ちや状況も確認しながら考えていきましょう。この場合も、現実に即した情報が重要になります。「介護はプロを含めたチームで取り組むものであり、誰か一人に任せることはしない」という意識を共有することが大切です。

介護する側のスキルアップも

もし、皆さんが介護を担うことになったら、ぜひ基本的な介護スキルを身につけていただきたいと思います。介護される人の介護度が上がるにつれ、体位変換や風呂介助といった身体介護が頻繁に発生します。こうしたときに無理をして、腰などを痛めてしまう人が多くいるのです。ここでは、体重移動を利用して身体に少ない負担で移動をさせる、といったコツがあるのです。これを知っているだけで腰痛発生や疲労の蓄積を防げることでしょう。自治体や介護施設がこうしたスキルを伝えるための「介護セミナー」を頻繁に開催していますので、ぜひ参加してみてください。

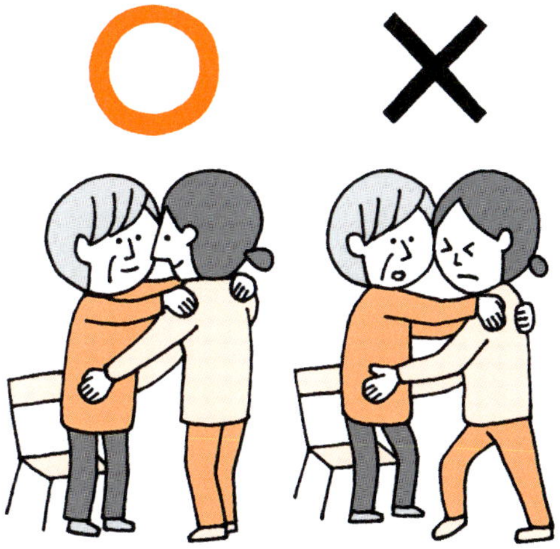

骨格や関節などの関係性の力学「ボディメカニクス」を知ることで、負担のない介護をすることができる。たとえば「重心を対象に近づける」などのコツがある。

介護予防の重要性

運動と栄養で身体のバランスをとる 介護を遠ざけるよい習慣づくり

図24 **介護に至る要因**

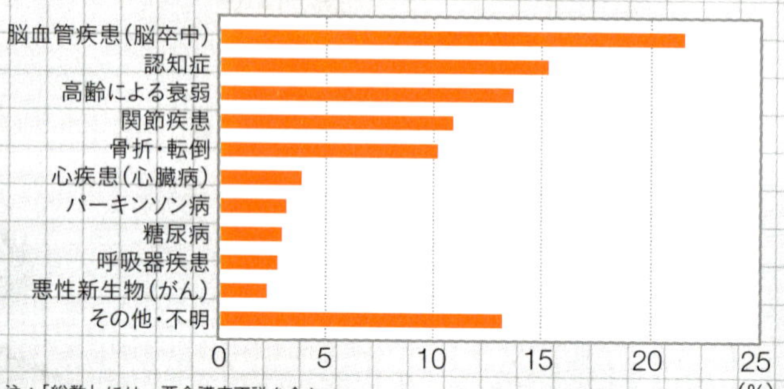

注：「総数」には、要介護度不詳を含む。
「要介護度別にみた介護が必要となった主な原因の構成割合」（厚生労働省・平成22年）。

要介護状態となる原因は左図のとおり、脳卒中などの脳血管疾患が突出しています。次に認知症、高齢による衰弱と続き、これが3大要因です。さらに、関節疾患、骨折・転倒などの要因も高い数値となっています。

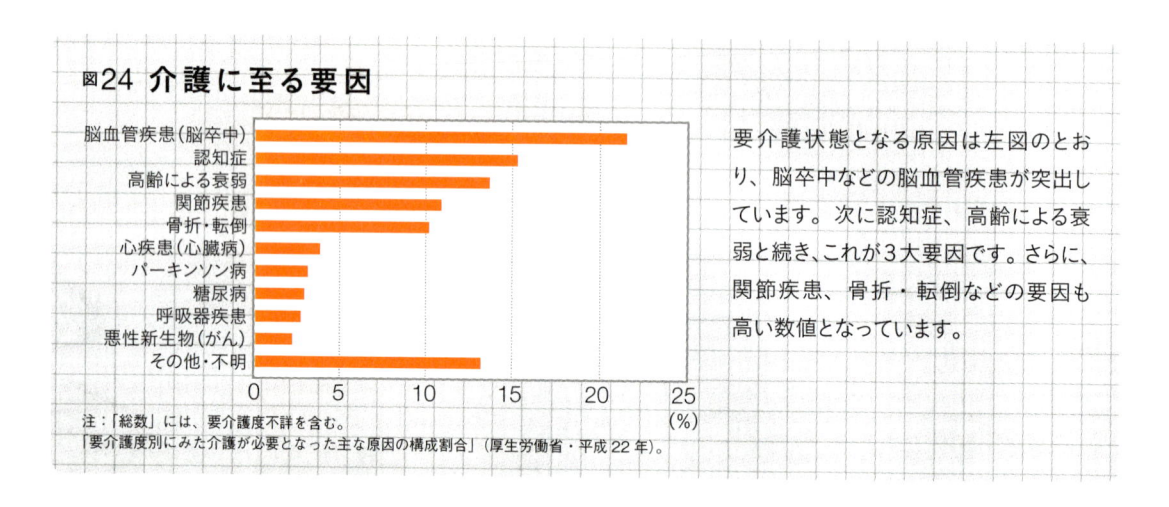

1 運動　軽い体操を日課にする

運動にあたって注意することは、体調がすぐれないときは無理をしないこと。運動中も気分が悪くなったらすぐ中止しましょう。転倒、水分補給（特に夏場）にも十分注意してください。運動中は呼吸を止めず、有酸素運動を心がけます（息をこらえると血圧が上昇します）。運動の内容は、ラジオ体操や軽いストレッチ、ウオーキングなどがよいと言われています。市区町村で行われている高齢者向きの体操教室などは、専門家が適切なプログラムを組んでいるので安心です。

自治体のプログラム活用も手

いつまでも元気で、誰もがそう願っているでしょうが、人間は加齢とともに身体の諸機能が低下し、病気にかかりやすくなります。また、運動機能も低下して、転倒することで骨折などのケガを負いやすくなります。そして、高齢となってからの病気やケガは介護に直結する要因となります。**図24**の介護に至る要因の一覧を見てください。１位の脳卒中、２位の認知症、３位の高齢による衰弱のいずれに対しても、運動、食事、口腔ケアが有効です。初期の病気や認知症によって出歩くことがなくなり、運動不足で刺激のない生活によってさらに病状が悪化してしまう、というのはよくあるパターンです。関節疾患や骨折の予防にも適度な運動が欠かせません。「閉じこもり」の生活は病気に直結すると心得て、外出する習慣づけをしましょう。デイサービスには自立状態や要支援といった、さほど介護を必要としない状況の人でも参加できる講座が多数ありますので、こうしたものもぜひ利用したいところです。年齢を重ねる

できれば介護には至らず、最期まで元気に生活したい、というのが親側も子ども側も思うことです。そのために大切なのが、介護に至らないための予防策＝介護予防。具体的には、毎日の運動と栄養、口腔ケアが重点項目です。子どもの側からさりげなく情報を提供することも有効でしょう。

2 食事

高齢者(70歳以上)がとるべき栄養

毎日の食事のチェックポイント

- 1日に必要なカロリー：約 1500kcal（性別や運動量によって異なる）
- 主食（米・パン・麺）と肉・魚・野菜をバランスよく
- 味付けは濃過ぎないよう注意（塩分は控えめに）
- 脂肪摂取が適量になるように注意

食事のバランスが悪かったり、食事量が少な過ぎたりすると低栄養状態となります。低栄養状態になると、免疫力が落ちて感染症にかかりやすくなることがあります。また、一人暮らしの方に起きやすいのが、同じようなメニューの繰り返しによる塩分のとり過ぎや野菜不足。塩分のとり過ぎは高血圧を招き、脳血管障害や心疾患につながる恐れがあります。糖尿病など持病のある方も食事に配慮が必要。場合によっては配食サービスなどの導入もアドバイスしてあげるとよいでしょう。

3 口腔 口の健康が身体の健康に大きく影響する

見落とされがちですが、健康に年を重ねるために、口と歯のケアはとても重要です。口腔の清掃、歯石の除去、義歯の手入れなど、定期的な歯科治療を心がけます。高齢者に多い「誤嚥性肺炎」は、病気や加齢などにより飲み込む機能や咳をする力が弱くなり、口腔の細菌や逆流した胃液が誤って気管に入ることで発症します。この予防にも、口腔ケアが有効と言われています。そのほか、口腔の状態は「食」に密接につながるため、全身の健康に大きな影響を及ぼすと言えます。歯ブラシや舌ブラシによるブラッシングが基本ですが、自分1人では適切なブラッシングができない場合が多々あります。歯科医での定期チェックや自治体が主催する定期診療などの利用を促すとよいでしょう。

と、新たなことに取り組むのが億劫になりがちなので、ここは子どもや周囲の人が上手に参加を促してあげてください。

身体の機能低下を遅らせる毎日の運動やバランスのよい食事、そして口腔ケアが重要なのは若い世代も一緒。私たち自身もこれらを早くから心がけていれば、それがそのまま介護予防となります。

自己流のやり方に不安がある場合は、地元の自治体が行う体操教室や栄養指導教室、あるいは福祉団体などのプログラムを利用するのもよいでしょう。そして、これらの基本的な予防法のあとは、新たなことに挑戦したり、たくさん笑ったりといった気持ちの刺激が大切になります。次ページではそれらについても紹介します。

脳への刺激と見守り

適度な刺激を受ける機会をつくる 遠距離の親は「見守りサービス」も

介護予防先進自治体

埼玉県和光市では、栄養改善プログラムや運動器の機能向上プログラムを揃え、介護予防に熱心に取り組む自治体として知られています。同様の取り組みは今では多くの自治体で行われていますが、同市では介護予防が注目される前から独自に各種の試みをはじめ、ノウハウをためてきました。現在同市では、認知症や閉じこもりの予防策として、陶芸やテーブルゲーム、体操や栄養バランスなどの講座を多数開いています。数ある講座のなかで一際ユニークなのが「カジノ」。月数回開かれるカジノイベントでは、事業者が蝶ネクタイにベスト姿という、ラスベガスにでもいそうなディーラーに扮し、本物のカジノで使われるルーレットやブラックジャック、バカラといったゲーム台に立って参加者を盛り上げます。本物のお金こそ賭けないものの、70～80代を中心とする参加者はチップを片手に盛り上がり、昼間の会場は熱気に包まれます。この講座はいつも大人気ですぐに定員が埋まってしまう、とのことです。

2008年の和光市の要介護・要支援認定者の割合は10.2%。全国の16.5%よりも6.3%低く、全国の自治体からの問い合わせや見学者も多いそうです。

適度に調整された「非日常の刺激」をどう高齢者の生活に取り入れるか。自治体に限らず、各種サービスの充実を期待したいところです。

刺激を受ける機会を

医学的に完全に立証されたわけではありませんが、認知症の予防には脳への刺激が効果的だと言われています。将棋や麻雀などのゲーム、運動、外出・旅行など、刺激を与える要素は身の回りにたくさんあります。家の中に閉じこもることなく、運動を兼ねて散歩に出たり、家のなかでもゲームをしたり、定期的に子どもである皆さんや孫などが顔を見せたりなどで、刺激を受ける機会をもつことが重要です。旅行や外出など、適度な刺激を受ける機会を提案してあげるとよいでしょう。

さまざまな「見守りサービス」

「親は元気だが、すぐに駆けつけられない遠方に暮らしているので気がかり」という方も多いことでしょう。隣近所に気にかけてくれる人や

「介護予防」というと身構えてしまいますが、前ページで述べたように、要は食事のバランスに気をつけ、適度に運動し、刺激のある生活をする、といった年代を問わずに共通する「よい生活習慣」を持続させればよいのです。遠距離に住む親の動向が心配な場合には、「見守りサービス」などを導入するのも一手です。

図25「見守りサービス」のあれこれ

	日常の生活機器から安否状況を確認		いざというときの緊急対応		
サービス	みまも〜る	みまもりほっとライン	お家でナースホン	ココセコム	ホームセキュリティ(シルバーパック)
企業名	東京ガス	象印マホービン	アズビルあんしんケアサポート	セコム	ALSOK
内容	ガスの利用状況をメールで連絡	無線通信機を内蔵した電気ポット「iポット」の利用状況を離れて暮らす家族にメールで連絡	電話回線に取り付けた機器のボタンを押すことで緊急通報や健康相談ができる	専用GPS端末を使用した位置情報提携システム。認知症の徘徊時などの居場所探しに有効	非常センサーの感知、もしくは非常ボタンを押すことで最寄りのガードマンが駆けつける
初期コスト	5250円	5250円	1万6590円	6825円	0円〜
月額料金	987円	3150円	4725円〜	45円〜 ※	3706円〜
利用エリア	東京ガスサービスエリア	全国	全国	全国	全国

価格は税込。2012年3月末時点。※インターネット申し込みの場合

親戚がいる、こまめなやりとりが習慣化している、などの方はよいでしょうが、そうでない場合は各種の「見守りサービス」を利用することも一手です。主な「見守りサービス」には、**図25**のようなものがあります。ガスやポットの利用状況の通知から無事を確認する、センサーが異変を感知する、ボタンを押すとガードマンが駆けつけてくれる、などの民間サービスは、サービス範囲が広く、使い勝手がよいでしょう。また、配食サービスや宅配便など日々の生活サービスに見守り機能を付帯させる動きも広がっています。その他、各地域の老人クラブが活動の一環として見回りを行うなど、自治体、福祉団体、NPOなどが行う人的な地域密着型の見守りサービスもありますので、利用を検討する際には多方面から調べてみましょう。

親との自然なつながりを確保するために何ができるのか、という視点で考えましょう。

ヘルパーとの連携

相手の状況を理解して感謝の言葉を「介護連絡帳」で情報共有を徹底

訪問介護の現場で考えたこと

これは、介護が実際にはじまってからの話となりますが、仕事をしながら介護をするためには介護のプロとの連携が欠かせません。

訪問介護を選択した場合、ホームヘルパーが自宅に入って介護サービスを行うことになります。施設介護に比べて個別性の高い訪問介護では、利用者本人と家族がプロとの信頼関係をつくることが一層大切になります。特に家族とヘルパーは利用前後の時間しか顔を合わせず、利用者を挟んだ関係のなかではコミュニケーションミスが起きやすくなります。私はヘルパーの資格を取得する過程で、訪問介護事業所の先輩ヘルパーに同行して、実際の介護現場に行きました。そのとき考えた「ヘルパーとの上手な連携法」を少し紹介したいと思います。

「介護連絡帳」をつくろう

上手に関係を築くためには、まずはヘルパーの置かれた立場や仕事の現場を知る必要があるでしょう。施設での介護サービスは多くのスタッフがかかわりますが、訪問介護のサービスは基本的にスタッフが利用者と一対一で向かい合うことになります。現場で工夫や努力をしても外からは見えにくく、評価も得にくい職場環境だと言えるでしょう。なので、まずはヘルパーの方に対して少し意識して感謝の言葉を伝えるようにしてください。サービスを統括する責任者と会う機会があれば、担当してもらっているヘルパーの仕事ぶりをほめることもよいでしょう。

また、訪問介護では、排泄介助や食事の補助などをスポット的に行うため、1日のあいだに短時間の訪問を複数回繰り返す、という利用形態が多くなります。つまり、ヘルパーは1日何軒もの利用者宅を移動する、厳しい時間制約のなかで働いているのです。

ここから見えてくることは、家族の側からの「情報共有の徹底」の重要性です。朝、家族がヘルパーに利用者を引き継ぐ場合には、心身の状況を丁寧に報告しましょう。ここでは、「介護連絡帳」をつくって、規定の項目を日々記録し、ヘルパーにも負担にならない範囲で記録してもらうかたちがよいと思います。事業者側が用意する規定のシートに書くのでもよいでしょうし、家族側がノートを用意するのでもよいでしょう。

「食事」「排泄」など必ず出る項目はフォーマット化し、記入しやすくする工夫をします。さらに、「伝達」欄と「メモ」欄を入れてください。伝達欄では、介護で使う日用品の収納場所や買い置き状況を伝えます。訪問介護ではヘルパーがそうした日用品の置き場がわからずに探しまわったり、切れていて買いに走ったり、というケースがよくあるのです。時間のムダをなくし、よりよい介護をしてもらうため、日頃から整理整頓と情報共有を徹底してください。そして、メモ欄には、家族からの感謝の言葉やサービスの改善相談、あるいは介護の相談ごとを書くよいと思います。ヘルパー側も日々の仕事が認められ、自分の専門知識が役立っていることを実感することで、モチベーションが上がるはずです。

報告・連絡・相談をマメにし、相手の仕事へのフィードバックと感謝の言葉を忘れない。「プロとの連携」と言っても、大事なことは皆さんの仕事と何ら変わらないことがおわかりいただけると思います。

WORKSHEET

ワークシート

ワークシート

介護の可能性を現実的に考える

「家系図シート」をつくってみよう

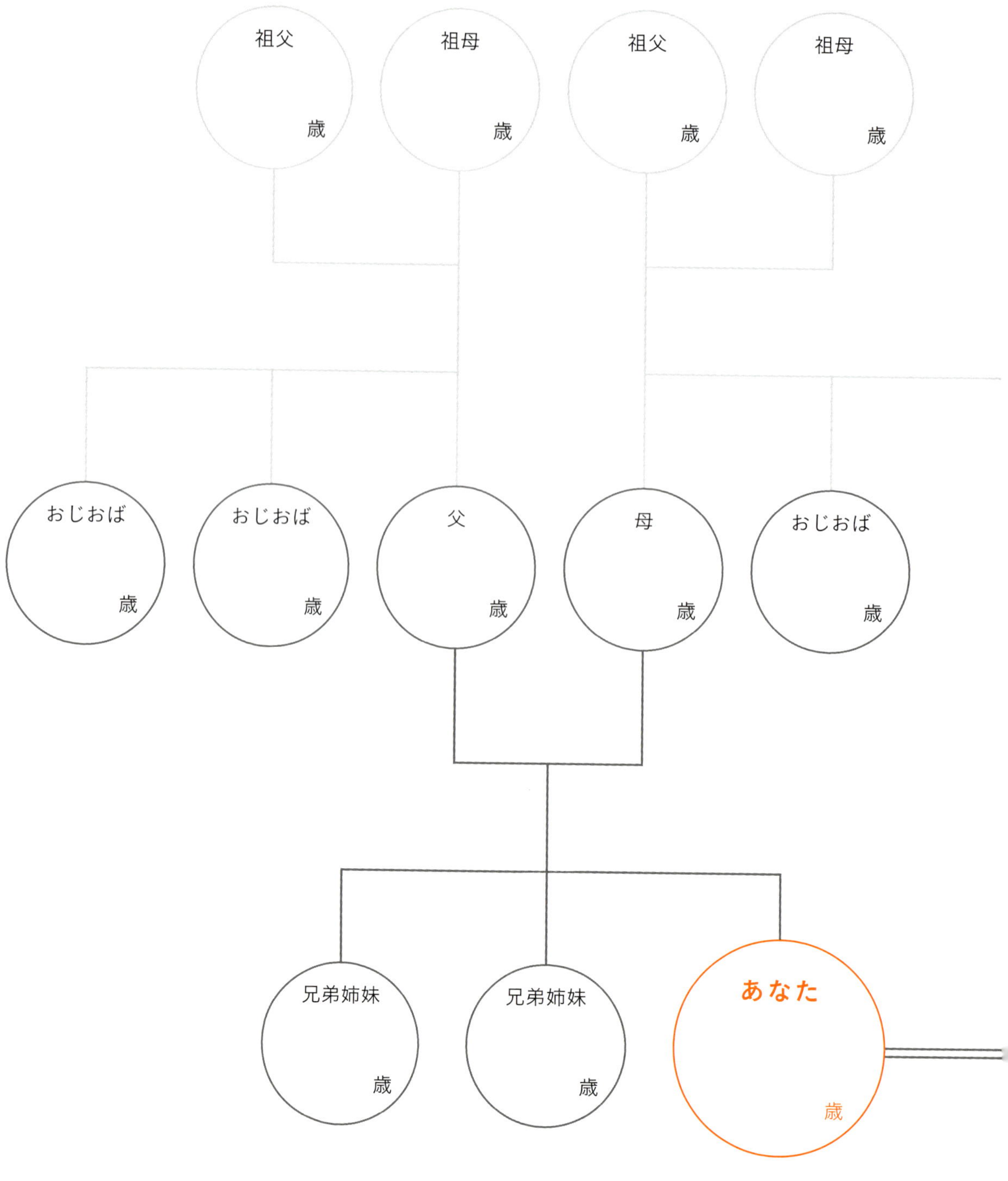

◀解説は本書28ページを参照

- 独身・もしくは子どものいないおじ・おばなどの介護を担う可能性もある。
- 配偶者が倒れる・亡くなった場合、残された家族に対して
  家事等の手伝いが必要になることもある。
- 兄弟姉妹は居住地や家族の状況次第では頼れない可能性もある。

年　　月　　日 記入

介護可能性５年以内…★
〃10年以内…■
持病や体調不良がある…●
年齢も記入
親の兄弟（おじ・おば）も記入

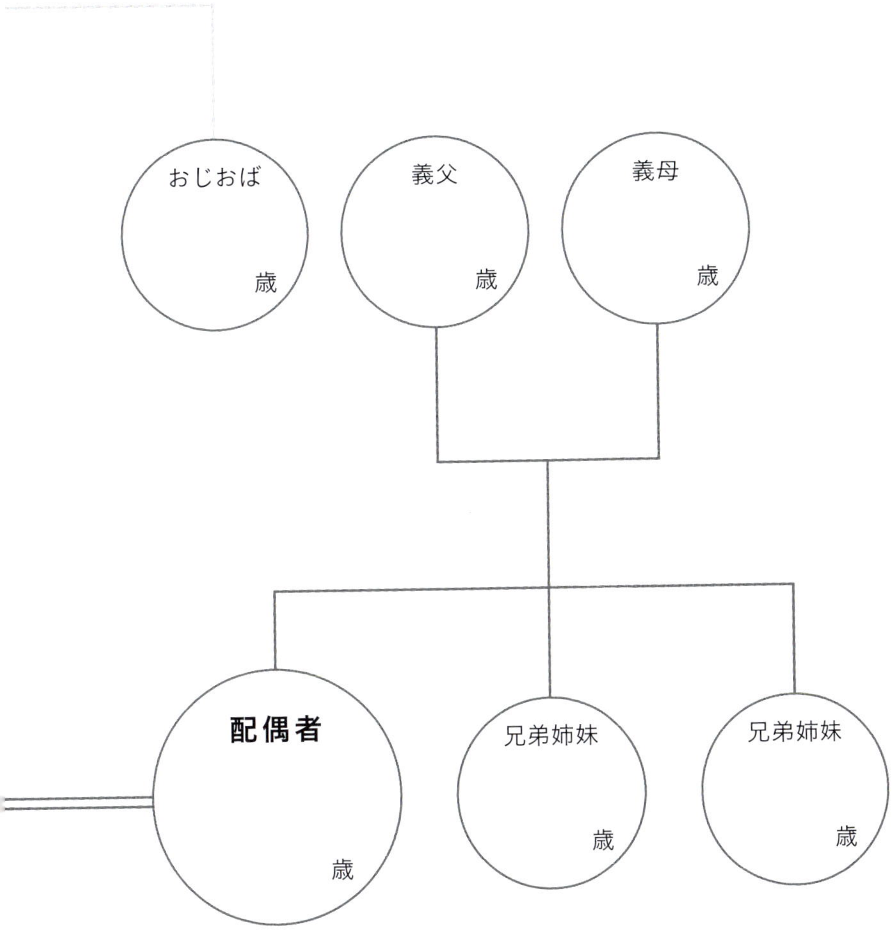

ワークシート

介護発生前からの情報チェック

地域包括支援センター（高齢者支援センター）に行ってみよう

名称

運営主体

電話番号・連絡先

所在地

メモ

相談に行くときには
・親の年齢／親の介護度（あれば）／生活で必要なサポート／周囲との付き合いの様子／親の世帯状況（一人暮らし、夫婦ぐらしなど）／親の持病・不自由なところ（腰痛、膝痛など）／かかりつけ病院・医者／親の収入・年金／などの情報を持参する

◀解説は本書42〜43ページを参照

- 地域によって施設の名称が異なる場合も。行くべきところがわからなければ、住んでいる自治体に確認する。

年　　月　　日 記入

訪問記録（　　　年　　月　　日）

親の状況・相談内容

対応者：

メモ：

訪問記録（　　　年　　月　　日）

親の状況・相談内容

対応者：

メモ：

訪問記録（　　　年　　月　　日）

親の状況・相談内容

対応者：

メモ：

ワークシート

複数を回ることで特徴が見えてくる

介護施設・サービス事業所に行ってみよう

種類：

名称：

所在地：

連絡先：

訪問記録（感想、質疑応答など）

種類：

名称：

所在地：

連絡先：

訪問記録（感想、質疑応答など）

種類：

名称：

所在地：

連絡先：

訪問記録（感想、質疑応答など）

種類：

名称：

所在地：

連絡先：

訪問記録（感想、質疑応答など）

◀解説は本書34〜35ページを参照

- 利用条件や退去条件を確認する。
- アポイントをとって話をきくほかに、外側からふだんの様子を見てみる。
- 設備の豪華さなどにとらわれ過ぎないようにする。
- スタッフや利用者の表情を見る。

年　　月　　日 記入

種類：

名称：

所在地：

連絡先：

訪問記録（感想、質疑応答など）

種類：

名称：

所在地：

連絡先：

訪問記録（感想、質疑応答など）

種類：

名称：

所在地：

連絡先：

訪問記録（感想、質疑応答など）

種類：

名称：

所在地：

連絡先：

訪問記録（感想、質疑応答など）

ワークシート

ステップ①親との話し合い

親の本質的な「価値観」を知っておこう

[父親 ・ 母親 ・ その他]

大事にしていること・もの

幸せを感じるとき

嫌なこと

好きな人・もの・こと

苦手な人・もの・こと

その他

◀解説は本書62〜63ページを参照

年　　月　　日 記入

[父親 ・ 母親 ・ その他]

大事にしていること・もの

幸せを感じるとき

嫌なこと

好きな人・もの・こと

苦手な人・もの・こと

その他

ワークシート

ステップ③資産状況の把握

親の資産・債務の状況を把握しよう

		種類／金融機関名	面積・数量	金額	メモ
資産	不動産（土地・建物）				
	預貯金				
	有価証券（株式・債券等）				
	保険（生命保険、民間介護保険等）				
	その他（貴金属、ゴルフ会員権、退職金等）				
	資産計				万円

	種類	細目	金額
債務			
	債務計		万円

◀解説は本書64〜65ページを参照

年　　月　　日 記入

資産総額の増減見通し

3 年後 ▶

5 年後 ▶

7 年後 ▶

10 年後 ▶

メモ

収入（1カ月の平均）

給与1	
給与2	
年金	
配当等	
家賃収入等	
その他	
合計	

支出（1カ月の平均）

食費	
消耗品等	
家賃	
医療費	
光熱費	
趣味・遊興費	
雑費	
その他	
合計	

ワークシート

ステップ③介護要望の把握

親の「介護要望」を知っておこう

父親

自分が介護状態になったら

□自宅で、家族の介護を受けたい

□自宅で、介護サービスを使いながら生活したい

□子ども（　　　　　　）と同居したい

□施設に入りたい

□その他

介護の中心となってほしい人は

□配偶者

□子ども（　　　　　　）

□ヘルパー等の事業者

□その他

介護を受けたくない人はいるか

介護費用のイメージ

□公的介護保険で収まる範囲にしたい

□公的介護保険に加え、民間の介護保険も使いたい（加入の有無・予定）

□公的介護保険に加え、預金等の資産も使いたい

□公的介護保険に加え、自宅の処分等も検討したい

□その他

財産の管理や意思決定が難しくなったら誰に託したいか

□配偶者

□子ども（　　　　　　）

□その他

※実際の財産管理等の代理には後見人・代理人等の正式な法的手続きが必要になります

◀解説は本書64〜65ページを参照

年　　月　　日 記入

母親

自分が介護状態になったら

□自宅で、家族の介護を受けたい

□自宅で、介護サービスを使いながら生活したい

□子ども（　　　　　　）と同居したい

□施設に入りたい

□その他

介護の中心となってほしい人は

□配偶者

□子ども（　　　　　　）

□ヘルパー等の事業者

□その他

介護を受けたくない人はいるか

介護費用のイメージ

□公的介護保険で収まる範囲にしたい

□公的介護保険に加え、民間の介護保険も使いたい（加入の有無・予定）

□公的介護保険に加え、預金等の資産も使いたい

□公的介護保険に加え、自宅の処分等も検討したい

□その他

財産の管理や意思決定が難しくなったら誰に託したいか

□配偶者

□子ども（　　　　　　）

□その他

※実際の財産管理等の代理には後見人・代理人等の正式な法的手続きが必要になります

ワークシート

メモしておくと後々役立つ

「いざ介護」というときの基本情報

父親

基本事項

□生年月日	□身長・体重	□血液型
年　月　日	cm　kg	型

これまでの大きな病歴

病名	期間	病院名	経過

□好きな食物	□苦手な食物	□好きな色
□好きな音楽	□趣味	□その他

◀解説は本書62～63ページを参照

年　　月　　日 記入

母親

基本事項

□生年月日	□身長・体重	□血液型
年　　月　　日	cm　　kg	型

これまでの大きな病歴

病名	期間	病院名	経過

□好きな食物	□苦手な食物	□好きな色
□好きな音楽	□趣味	□その他

ワークシート

いざというときは、慌てずここに連絡

前もって調べておきたい「介護連絡先リスト」

年　月　日 記入

介護発生時に相談・連絡するところ

かかりつけの病院

団体名

所在地

連絡先

地元の地域包括支援センター

団体名

所在地

連絡先

自治体の相談窓口

部署

所在地

連絡先

民間の相談窓口

団体名

所在地

連絡先

ケアマネジャー

団体名

所在地

連絡先

保険会社（介護保険／生命保険）

団体名

所在地

連絡先

勤務先

団体名

所在地

連絡先

その他

団体名

所在地

連絡先

◀解説は本書54ページを参照

関係を密にしておきたい

親のコミュニティを知っておこう

友人

年　　月　　日 記入

氏名
属性
住所

連絡先

メモ

氏名
属性
住所

連絡先

メモ

氏名
属性
住所

連絡先

メモ

氏名
属性
住所

連絡先

メモ

氏名
属性
住所

連絡先

メモ

氏名
属性
住所

連絡先

メモ

ワークシート

関係を密にしておきたい

親のコミュニティを知っておこう

兄弟姉妹
親戚

氏名

続柄

住所

連絡先

メモ

氏名

続柄

住所

連絡先

メモ

氏名

続柄

住所

連絡先

メモ

氏名

続柄

住所

連絡先

メモ

氏名

続柄

住所

連絡先

メモ

氏名

続柄

住所

連絡先

メモ

◀解説は本書54ページを参照

- 友人、兄弟姉妹、親戚に関してはどんな状況になったらどんな連絡が必要なのかを確認しておく。

年　　月　　日 記入

氏名
続柄
住所

連絡先

メモ

氏名
続柄
住所

連絡先

メモ

氏名
続柄
住所

連絡先

メモ

氏名
続柄
住所

連絡先

メモ

氏名
続柄
住所

連絡先

メモ

氏名
続柄
住所

連絡先

メモ

ワークシート

介護で仕事を辞めないために

会社の両立支援制度を チェックしておこう

あなたの会社の制度

有給休暇の積立（残日数チェック） ▶

短時間勤務制度 ▶

フレックス勤務制度 ▶

在宅勤務制度 ▶

介護休業の延長 ▶

介護休業中の手当 ▶

介護事由退職の再雇用 ▶

情報提供等 ▶

その他 ▶

◀解説は本書55ページを参照

- **企業の介護関連制度は介護保険の要介護度とは関係なく利用できることが多いので、利用条件もあわせて確認する。**

年　　月　　日 記入

配偶者の会社の制度

有給休暇の積立（残日数チェック）▶

短時間勤務制度▶

フレックス勤務制度▶

在宅勤務制度▶

介護休業の延長▶

介護休業中の手当▶

介護事由退職の再雇用▶

情報提供等▶

その他▶

おわりに

介護に対峙してイノベーションを

私は、起業の前からあわせて10年以上、日本企業の働く現場を見続けてきました。出産・育児と仕事の両立に悩む女性社員の問題であった「ワーク・ライフバランス」は序々に「性別や年代を問わない全社員の問題」として認識されつつあります。男性の育児参加が当たり前となり、どの企業もメンタル不全の休職者を抱えています。そして大きな問題として急速にクローズアップされているのがこの本で取り上げた「介護」です。介護問題で困窮することの多い40～50代の男性は、これまでに時間制約をもって働いた経験に乏しく、突然降りかかってきた介護という大きな「制約」に驚き慌て、「会社に迷惑はかけられない」とばかりに退職の道を選んでしまうのです。

しかし、これは考え方の問題だと思うのです。あと5年もすれば、日本においては時間の制約をもって働く人のほうが多い社会が訪れます。そうなったとき、限られた時間のなかで効率よく働き、成果を上げる態勢ができている企業でなければ発展し続けることは難しいでしょう。皆さんは、時代の先駆者として新しい働き方に挑戦してください。

介護に取り組む生活者視点を手に入れ、新製品・サービスの開発につながることもあるでしょう。それは、日本同様に高齢化率が急上昇している中国・韓国などのほかの国々でも受け入れられる可能性を秘めています。日本の置かれた状況は厳しいものですが、これを正面から受け止め、全員が問題解決の当事者になることで新しい国や社会、企業のあり方を生み出せるはずです。

この本の執筆・制作にあたり、お世話になった皆さまにこの場を借りて御礼申し上げます。

自社事例を紹介することを快諾いただいた企業の皆さま、ありがとうございます。今後も皆さまと一緒に「介護と仕事の両立」のよりよいあり方を考えていきたいと思います。メイビスの青山敏さまと頭島潔さまには本の企画段階からいろいろなお知恵をいただきました。セントワークスの大西徳雪さま、となりの介護の川内潤さまには多くの介護関連情報をいただきました。皆さまと一緒に介護問題に取り組めることに感謝します。取材にご対応いただいたソニー生命保険、和光市役所、練馬区役所の皆さま、高い視点から社会や企業のあり方について示唆をくださる東京大学大学院情報学環・学際情報学府の佐藤博樹教授にも感謝します。「ケアプラン金のまり」の大河内健一さま、廣島人水さまからは素晴らしい介護現場とその思想を学びました。私が介護に対し前向きに考えられるようになったのはお二人のお陰です。

広範な介護のトピックスを的確な原稿にまとめてくださった髙橋光二さま、いつも私の最新のテーマを本にしてくださる英治出版の杉崎真名さま、幾多の現場をともにし、執筆に協力してくれた弊社スタッフとインターンの皆にも感謝します。

最後に、私を見守り、介護問題を考えるきっかけをくれる2組の両親と、いつも応援してくれる夫と息子に深く感謝します。

2012年3月　小室淑恵

● 著者プロフィール

小室淑恵
Yoshie Komuro

株式会社ワーク・ライフバランス代表取締役社長
1975年生まれ。2004年に「日経ウーマン」の「ウーマン・オブ・ザ・イヤー」キャリアクリエイト部門受賞、2006年株式会社ワーク・ライフバランスを設立。多種多様な価値観が受けられる社会を目指して邁進中。一児の母であり、2011年には親族の介護をきっかけにホームヘルパー2級の資格を取得。「介護と仕事の両立セミナー」や「経営戦略としてのワーク・ライフバランス」といった内容の企業内研修や講演会を年間250回程度行なっている。内閣府「仕事と生活の調和連携推進・評価部会」委員、国家戦略会議「フロンティア分科会」委員、厚生労働省「年金部会」委員など複数の公務を兼任。金沢工業大学客員教授。著書に『6時に帰るチーム術』(日本能率協会マネジメントセンター)、『小室淑恵の即効プレゼン術』(日経BP社)、『人生と仕事の段取り術』(PHPビジネス新書) など多数。
● ワーク・ライフバランスコンサルタント
● ホームヘルパー2級
● 財団法人 生涯学習開発財団 認定コーチ

株式会社ワーク・ライフバランス

仕事と家庭を「調和させることで相乗効果が生まれるという考えのもと、900社以上の企業に「働き方の見直しコンサルティング」を提供。コンサルティングテーマは介護支援、育児支援、メンタル不全対策、残業時間削減のためのチームビルディングと多岐に渡り、クライアントも製造業からサービス業、官公庁まで幅広い。組織の残業を減らし、業績を向上させる手腕に定評がある。「介護と仕事の両立ナビ」を開発し、多くの企業で導入されている。個人向けの講演、セミナーも数多く行なう。休業者職場復帰支援プログラム「armo(アルモ)」や「ワーク・ライフバランス組織診断」を開発、2009年からはワーク・ライフバランスコンサルタント養成講座を主催し、約300以上の認定コンサルタントを輩出。2010年からはモバイルサイト「働き方チェンジナビ」を開発し、企業や個人向けに提供する。
● 会社サイト:http://www.work-life-b.com/
● 介護と仕事の両立ナビ:http://work-life-b.com/navi
● フェイスブック:www.facebook.com/worklifeb
● ツイッターID:worklifeb

● 編集協力

髙橋光二
Koji Takahashi

フリーライター・エディター。1981年、多摩美術大学デザイン科卒業後、株式会社日本リクルートセンター(現・株式会社リクルート)入社。2000年、独立して現職。主に企業経営、就職・転職、独立起業、キャリアデザイン、IT、環境、福祉・介護などの分野で編集・執筆にかかわる。

あなたの親を支えるための
介護準備ブック

発行日　2012年 4月16日　第1版　第1刷

著者　小室淑恵（こむろ・よしえ）／株式会社ワーク・ライフバランス
発行人　原田英治
発行　英治出版株式会社
〒150-0022 東京都渋谷区恵比寿南1-9-12 ピトレスクビル4F
電話　03-5773-0193　FAX　03-5773-0194
http://www.eijipress.co.jp/
プロデューサー　杉崎真名
スタッフ　原田涼子　高野達成　岩田大志　藤竹賢一郎
山下智也　鈴木美穂　下田理　原口さとみ
山本有子　千葉英樹　野口駿一
印刷・製本　広研印刷株式会社
装丁　中川英祐
本文DTP　荒井まさみ　森田祥子（TYPEFACE）
本文イラスト　村山宇希
マンガ　かたぎりもとこ
編集協力　髙橋光二

ISBN978-4-86276-130-9　C0036　Printed in Japan